年収300万円、掃除夫だった僕が7億円貯めた方法

www9945
（個人投資家）

宝島社

まえがき

人生はまさかの連続です。

２０２４年、日経平均株価が４万１０００円を付け、年初から20％以上上昇しました。新ＮＩＳＡへの関心も高まり、イージーモードが漂ったころ、４月から約10％の急落がありました。長期目線が大切なのに早くも「新ＮＩＳＡで損切り」というパワーワードも聞こえてきました。「これが一般人が本格的に相場に入ってくる現象なんだなあ」と私は逆にポジティブに捉えています。

この本は、株の勉強をせずに投資をしていたころを含めた、約30年の私の投資歴に基づいて構成されています。

以前は清掃の仕事に従事しており、年収３００万円台でしたが、もっと悲惨な時期もありました。失業手当をもらっていた時期も挟んで、ずっと投資を続けてきた一投資家の記録でもあります。

脚色を一切加えていないノンフィクションとなっています。

第1章〜第3章はそういった自分と株の歩みについて主に書いています。かつて自分の投資法をはためで見ていた人からは「危なっかしくてとても真似できない」「綱渡りだ」という意見をいただきました。幸運にも資産は増えましたが、第3章まで読めば、なぜそう言われていたかがよくわかっていただけるのではないかと思います。

投資法についてまず知りたい、という方には、第4章〜第6章までご覧ください。ここまでは主に2013年時点での考え方や株価などで書いています。第7章は新規に加筆しています。14年以降の専業投資家時代、特にコロナ禍から現在に至る投資法の変化や凌ぎ方について書いてます。

雀士《じゃんし》はグリーンのマットで死にたいと思いますが、たいていの投資家の最期はマウスをクリックし、しかも大きく損切りしているものです。

株で破産して人生を絶たれても仕方がない、信用取引で富士の樹海に行っても本望だという覚悟で投資をやっていた時期もありました。

人生のほとんどを不条理な世界に身を置いていたので、どうやらそういう少数派の考え方になってしまったようです。

ただ、今後とも常に前だけを見て、創造的に移り変わるマーケットと向き合いたい。その気持ちだけは多くの個人投資家さんと同様です。

年収300万円、掃除夫だった僕が7億円貯めた方法　目次

第2章 「ネット×バリュー株」で5000万円を作る！

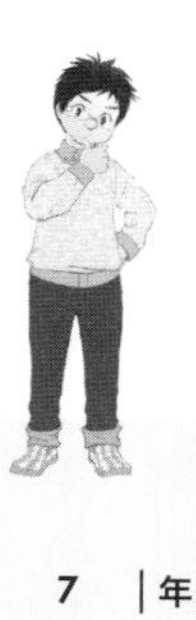

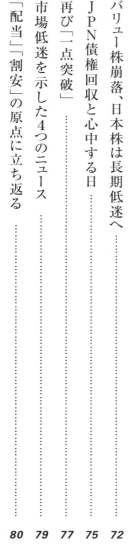

第5章　運用利回りで大きく差がつく！ 銘柄の選び方

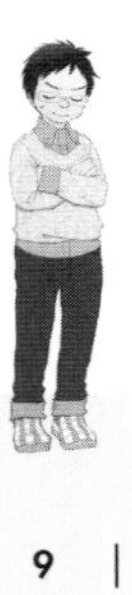

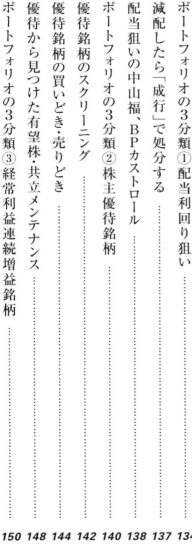

第6章　虎の子を守る！ WW9945式「資金管理法」

第7章　資産2億円到達！　掃除夫からの転向

STAFF
編集協力／高城泰、鷲田真一
デザイン／池上幸一
DTP ／ G-clef
イラスト／ nev
チャート提供／楽天証券

第1章

株に恋焦がれた公団住宅住まいの掃除夫

ナンバーワン営業マンのプレッシャー

新入社員1カ月目、株のために貯蓄を始める

サラリーマン生活、株だけが支えだった。

大学卒業を半年後に控えた1989年の秋、業を煮やした親に催促されて始めた、遅すぎる就活。バブル真っ盛りの売り手市場だったから面接一発で内定だった。今ならニート確定だっただろう。

内定をくれたのは、健康ブームの波に乗り急成長中だった、茨城県の納豆メーカー。けれど20年後には売上高の10倍にも上《のぼ》る有利子負債を抱え、放漫経営と粉飾決算で倒産してしまった。

私の同期の新卒組は8名。半分近くが営業職に回された。私も希望通りに営業職へ配属された。「工場の製造よりは楽そうだから」。そんな甘い考えだった。営業がどういうものかわからないで希望したのだから酷い話だ。役員は事務にしたかったようだ。それは正解だったと思う。後々、心身ともにおかしくなってしまうのだから。

入社直後に始まった3カ月の工場研修は4段階に分かれていた。工場3階での窯《かま》を使った作業から始まり、だんだんと下のフロアに降りて行き、トラックに積み込むところが最終の4段階目だ。

3階では灼熱地獄、プラスチックケースに納豆を詰める2階ではひたすら根気が必要で、さらにスピードも求められるからボロ雑巾のようにされた。納豆をダンボールに12個ずつ入れていく1階での作業はあまりにも単調だから、脳内でずっと音楽を鳴らしていたが、ダンボールを閉じるプラスチック製のヒモが焼ける匂いが頭痛を催《もよお》した。

私は研修だが、工場労働者は1時間に5分休憩を取るだけで9時から5時までひたすら働き続ける。工場の労働者には兼業農家が多く、我慢強い人ばかりだった。

それに比べて私はといえば、「トイレに行ってきま〜す」と個室でサボってばかりだから評価は最低だった。

社会人生活はそんな風に始まった。

株と出会ったのは、当時「金儲けの神さま」ともてはやされた企業家の邱永漢《きゅうえいかん》氏のコラムがきっかけだった。

「株式投資は経済を先読みする勉強になる。面白いしためになって、しかも儲かる」

そんな内容だったと思う。それをきっかけに邱永漢氏の本を3冊買い込んだ。「お金は減れば減るほど使いたくなる。なぜなら同じ1万円札でも、お金の少ない人ほど1枚の価値は増すからだ」「証券マンは浜辺にたたずみ、さざなみを眺めているだけの人。彼らに大きな波は見えない」――含蓄にあふれていた。

サボってばかりでなぜか成績はトップに

工場研修の次に始まったのは営業の研修だった。

納豆の卸先であるスーパーや百貨店、市場を回り、自社製品を棚の目立つ位置に動かし、店舗の担当者と売上UPの販売促進という名のもと、世間話をする。新規オープンのお店が多い土日は、朝から品出しを手伝い、夕方までマネキン（販売員）の手伝いをして盛り上げる。貴重な新卒なので重宝がられ、昼飯はおごりが当然、夜も週2回は飲み会に連れ出された。

人生楽勝。

そう思わないほうがおかしい。住まいは借り上げ社宅で無料だし、昼食代は1年間会社持ち。会社説明会で基本、土日祝日が休日の約束だったはずだが、入社してみると土日のみと聞かされた。激怒した私たち新卒5名は、総務に訴え、1名当たり30万円の詫び代を獲得してもいた。大切に扱ってくれて、しかも言い分が通ってしまう。これでは、人生楽勝と思うのも当然だろう。

研修が終わると、日立市を中心としたエリアを任されることになった。事務所が水戸市だったので、いわば「お膝元」のエリアだ。早朝に営業車で出発し、午前中にスーパーに着き、夕方になると帰社して、自宅へ戻るのは深夜。そんな日々だった。

最初は新鮮さもあった。当時はまだ景気が良かったので、高級納豆ほど良く売れた。スーパーの担当者と雑談し、品出しを手伝い、特売の商談をまとめ、先輩に成果を報告する。ごほうびに飲み会へ連れて行ってもらうこともしばしばだった。

日経平均は89年末につけた史上最高値の3万8915円から2万円へと暴落してはいたが、まだバブル景気の延長線上にあった。アルバイト情報誌は電話帳並みの厚さで人手不足は続いていた。庶民の懐《ふところ》も豊かだったから、納豆の売れ筋は1パック2個入りで230円の高額商品だった。今なら1パック3個入り98円だろう。売上は倍々ゲームで伸び、会社は納豆嫌いで知られる関西へも進出していた。会社も私もやることなすことうまくいっていた。

営業の成果は3カ月後に反映されやすい。配属直後の3カ月間は誰よりも働いたということだろうか、ド新人の私でも90年の成績は前任者と比較して前年比30％増。トップだった。競馬や麻雀の話ばかりする営業マンが物珍しく、担当者に重宝されたのかもしれない。好景気と健康ブームのおかげで、担当者がその場のノリで発注しても楽にさばける時代だった。

「工場研修では最低だったおまえをあえて採ったが、正解だった。営業向きだと思ったんだ」

直属の上司に褒められていい気分になっていた。

上がる成績、汚れていく自分

成績は上がっていたものの、だんだんと心は蝕《むしば》まれていった。

私が売っていた納豆は「他社製品より美味しい」と評判だったが、国産大豆を5％しか使っていなかった。製品に異物が混入したこともあった。

「製品にハエが混入していたようです。100万分の1の確率でございます。誠に申し訳ありません」

そう謝罪した翌週には「100万分の2の確率で」と謝罪したこともあった。ボルトが入っていたときには「クビになったアルバイトが嫌がらせに入れたようです」と見え透いたウソをついたが、ゴキブリの混入だけは何も言い訳ができず、平謝りするだけだった。「あれだけ人の出入りが激しければ入るに決まっている」と内心思いながら。

工場からは「作りすぎちゃったから20ケース、どっかの特売でさばいてきて」と無茶を言われることもあった。いわゆる「押し込み販売」だ。断るわけにもいかず、黙って営業車に積み込む。日持ちする製品じゃないから最悪でも翌日までには売り切らないといけない。他の営業マンは自社の納豆しか積み込まないが、私は提携先のこんにゃくやところ天を積み込んで、差別化していた。ところ天を武器に特売の商談をまとめたのだった。

ところが、特売は後々に打撃を与える。特売で売ったら売ったで通常価格で販売している他の納豆が売れなくなるから、押し込み販売は損でしかないのだ。

成績は右肩上がりだったが、店舗回りのしんどさは増していった。「1日10店舗」をノルマにしていたが、担当エリアが福島県まで広がると、もう限界だった。早朝から高速道路を走らせても、担当スーパーに到着するのはお昼前。夕方以降はかき入れどきだから担当者も時間を取ってくれない。お昼から夕方までの数時間で10店舗は到底無理だった。

「今日はまだ5軒しか回れていない。どうしよう」

午後3時。まだお昼も食べていなかった。日立（茨城県）の山を越える途中、工場から呼び出されとんぼ返りすると、尻ぬぐいで発注ミスの商品をさばくはめになる。

「何で俺はこんなことをやっているんだろう……」

イライラして、涙が出てきた。

自分にも問題がなかったとは言わない。営業マンといえば「広く浅く」。スポーツ新聞のネタにも強くないといけなかろうが、私が読んでいたのは日本経済新聞だけ。テレビも観ない。お世辞は言わない。最初の数回はしのげても、3回目ともなると会話のネタは尽きていた。もともと「狭く深く」の人間だから、知らない話に合わせるのが辛くなってきた。担当者と面会した後は、身体の芯から疲れを感じた。

入社から1年、成績が落ちてきた。毎月1回の営業会議では吊し上げを食らうようになっていた。「何で目標を達成できない」と詰問されるのは恐怖だった。「今月は目標達成できます。店長と特売の約束をしていますから」と大ボラを吹いてその場をしのぐ。翌月になれば、また別のホラを吹く。自分が汚れていくようだった。

芯から疲弊《ひへい》する私を支えていたのは株とギャンブルだった。

初任給は手取り24万円。学生時代とは違い、お金は格段に殖え、月10万円は自由に使えた。借り上げ社宅のあった茨城県勝田市（現・ひたちなか市）は、水戸のベッドタウンで書店もなければゲームセンターもない。休日の潰しようがなかった。

だから、金曜日の夜になると営業車で実家へ帰り、週末は東京まで足を延ばし、中山競馬場や後楽園のWINSに直行する。楽しく1日を過ごした後、柏から自宅に帰るのが常だった。

競馬場通いが会社にバレそうになったこともあった。駅まで営業車で乗りつけ常磐線でWINSへ向かうのが常だったが、駅に路上駐車していたところに駐車禁止のステッカーを貼られ、罰金をバックれていた矢先に会社の常務から呼び出しがかかったのだ。

「ちょっと中山まで馬券を買いに」とは言えない。自白しないで済んだが、罰金はキッチリ支払わされた。

そして株だ。仕事よりも株が頭を占めるようになり、仕事をサボり始めていた。手近な場所にある2、3軒のスーパーを回ったら、後は車内で時間を潰す。ラジオたんぱ（現・ラジオNIKKEI）で株式市況を聴き、夕刊が駅のキオスクに届く時間には日経新聞を読み、夕方4時半には帰社する。

頭の中は「株やりてぇ〜」の思いだけだった。

このときの息抜きは預金通帳だった。新興住宅街の片隅に車を停めて、ぼんやりと預金通帳を眺める。残高86万円の文字。

「100万円貯めたら株を始めよう」と決めていた。株を始めれば何かが変わる。1億円まで殖やして配当金で暮らすのだ。そう夢想していた。

当時もしもFX（外国為替証拠金取引）があったら、きっとやっていたと思う。レバレッジが掛けられるFXなら少額からでも始められるからだ。でも、当時はまだFXなどなく、株も100株単位、1000株単位が基本だった。

「100万円貯まれば何かが変わる」と信じ込んでいた。その思いだけが、しんどい日々を支えてくれていた。

やっと貯めた100万円で株デビュー

100万円が貯まる前からチャート集を毎週買い込んでいた。チャート集といっても、今の人にはピンと来ないと思う。ほんの20年ちょっと前の話だが、インターネットがなかった当時は、今のように手軽にチャートが見られない時代だった。

上場銘柄のチャートを掲載しただけの本が毎週発売されていた。それも週足版、日足版それぞれに。週足版を毎週発行したところで、チャート上の白とか黒のローソク足と呼ばれるものが1本加わるだけなのだが、毎週買っては眺めていた。ラジオたんぱもよく聴いていた。これも今とは違い、まだ証券取引所に売買注文をさばく「場立ち」がいた時代だ。市況の実況中継番組をよく聴いていた。板寄せが始まったり、売買停止になったりするその様子の実況が面白くてたまらなかった。まだ相場師が活躍していた時代で、仕手株がストップ高になる様子に引き込まれた。その熱狂に自分も参加したくてたまらなかった。

完全に病気だ。

シミュレーションだけを繰り返す〝エア投資家〟を卒業したのは91年6月、社会人になって1年と少し経った頃だ。初めて買った株は今でもはっきりと覚えている。宇部興産520円を1000株と北陸電力2350円を100株。宇部興産（現・UBE）は公共事業銘柄として、北陸電力は配当利回り期待での投資だった。

宇部興産は翌日15円安。1万5000円の含み損になり眠れなかった。この株はその後、半分の264円になっても売らず、「塩漬け」にしていた。

会社でも変化があった。何かを変えたくて上司に東京営業所への異動を申し入れた。入社1年半だというのに、我ながら生意気だったと思う。東京なら遊ぶ場所に困らないだろうし、株の情報もあふれているだろう――そんな思いだった。上司は呆れたのか何なのか希望はすんなりと通り、東京へ異動することになった。

東京と茨城では勝手がまったく違っていた。店舗数がとにかく多い。担当店舗数は250店舗もあった。保冷機に納豆を入れ、担当者に試食してもらい、良さを知ってもらう泥臭いやり方では、多くても1日4店舗が限界だった。これでは試食してもらうだけで1年が終わってしまう。同業他社との競争も激しく、担当者に食い込むのは難しかった。

とあるスーパーから大口の注文を受注できた日のことだ。1店舗だと多くても20ケースだが、10店舗を展開するスーパーの本部だから300ケースの大口受注だ。担当者とも気が合ったので車に同乗させてもらい、夜だったので自宅の最寄り駅で降ろしてもらうことになった。

そのときだ。車を降りた途端、めまいに襲われた。震えが止まらず、嘔吐《おうと》していた。

意味がわからなかった。商談はこれ以上なく成功したというのに、このイライラはどこから来るのか。鬱積《うっせき》した思いが胸にあふれて、電柱を何度も蹴りつける。「くそ」「ちくしょう」と叫びながら電柱に頭突きする。血が滲《にじ》むくらいに打ちつけたところでやっと落ち着いた。

何かが変だとは少し前から思っていた。ポケベルの鳴る音が嫌でたまらなかった。朝、会社に行く坂道がとてつもなく長く感じられた。会社では「明るく元気良く。即断即決」と求められていた。残念ながらどれも自分には備わっていない。体が変調をきたしたのだろう。

電柱への突撃は、本来の自分に戻る過程だったのだろうか。

株式実況中継を聴きながら退職を決意

それから数日後、上野公園のベンチに座ること4時間。ラジオたんぱを聴いていたときに退職を決断した。

ラジオが告げていたのは、日経平均の急騰だった。のちに「ＰＫＯ」（プライス・キーピング・オペレーション）と呼ばれる政策が材料だ。わずか３週間で1万４３００円から1万９０００円へと棒上げ。政府当局が人為的にマーケットを操れると思い込んでの愚策だったと思うが、私にとっては福音だった。

マーケットが底打ちしたなら、景気も大丈夫だろう。もう辞めどきだ。

92年8月のことだった。誰に相談したわけでもない。相談相手といえば相場だけだった。翌日には辞表を提出した。

「わかった。辞表は受け取る。家賃は来月から自分持ちになるからそのつもりで」

上司はドライだった。わずか2年半の納豆営業マン生活。納豆のようには粘れなかった。でも、このままでは自分まで腐ってしまう。

専業投資家になろうと思って辞めたわけではない。男ひとりだったらどうにかなると楽観していた。バブルの余韻が残る時代、「第二新卒」という言葉も生まれていた。

退職からわずか３日で昼夜が逆転した。午前5時までファミコンソフトの『松本亭の株式必勝学』をやり込み、シュールな子供向け番組『ウゴウゴ・ルーガ』を観て6時に寝る生活。

電話恐怖症は続いていた。家族には言わずに退職したので、バレるのが怖かったのだ。電話の着信音は最小にしていたし、隣室から漏れるちょっとした音にも過敏になっていた。

10月になると実家の叔母から恐れていた電話があった。不動産屋から保証人の名義変更の連絡がいってしまったのだ。バレたことでむしろホッとするところもあったが、自分を取り巻く状況が変わったわけではない。

借り上げてもらっていたアパートの家賃が6万5000円、食費に4万円、その他光熱費などの雑費で3万円、合計13万5000円が黙っていても毎月出て行く。

株のためにコツコツと積み上げていた貯蓄はみるみる目減りしていく。

わずか3カ月で現預金は底をついた。残った資産は宇部興産1000株と北陸電力100株、それにCSK（のちに住商情報システムに吸収され上場廃止。その後CSKに商号変更）200株だけだった。節約のために炊飯器を買って自炊を始めた。

100円の『アルバイトニュース』すら買えず、コンビニで座り読みしてアルバイトを探した。無料の求人情報誌やインターネットサイトがある時代ではない。

選んだのは交通量調査だった。座って通行者の数を数えるだけの楽な仕事、のはずだった。

交通量調査のアルバイトは電話から始まる。朝9時に受付が始まるので、時計を見ながら9

時ちょうどに電話する。しかし、つながらない。人気のアルバイトだから、通じた頃にはもう募集は締め切られていた。

やっとありつけたのは厳冬の交差点での24時間調査。カイロを2つ持参し、厚手の靴下2枚履き。さらにマフラー、タイツで防寒対策をしても、11月下旬の気候はあまりにも冷たかった。寝袋は高くて買えなかったが、派遣先のリーダーが車中で暖を取るよう誘ってくれた。車内の暖房の効いた温かさは生涯忘れない。24時間がやっと過ぎ、午前7時に2万4000円を受け取る頃にはヘトヘトになっていた。

学生時代と違い、稼いだところでお小遣いになるわけではない。生活費に消えていくだけ。労働の喜びはなく、貯金が殖えるわけでもなく、経済的な焦りばかりが増していった。

生活費のために売ったCSK株

12月のある日、交通量調査のアルバイトもシーズンオフとなり、財布の中身が現金50円だけになったとき、CSKの株を売った。買値1700円、売値1400円。6万円の損切りだった。

当時はアミューズメント業界が盛り上がっており、ゲームセンターが大繁盛していた。CSKはテレビゲーム大手セガ（現・セガサミーホールディングス）の親会社であり、アミューズメント施設のメンテナンスを請け負っていたことに期待して買った株だ。新型ゲーム機『ドリームキャスト』の開発も進んでいる時期で、ドリームキャストの躍進とともに大化けも狙える株だった。ちなみにドリームキャストは大コケした。アミューズメント業界の未来予測は難しい。任天堂だって、決して「安定成長株」ではない。

昼夜逆転生活の中でも不思議と株式市場が始まる午前9時には目が覚めた。かといって何をするでもなく、布団の中から天井を見つめるだけだった。ラジオたんぱの株式実況中継番組を聴いても、保有株を切り売りして生活している身では何の意味もない。

「起きていても何も変わらない。2度寝しても何も変わらない」

株式実況中継を子守唄に、絶望を枕にして夕方まで寝ている日々だった。

仕事を探す気はまったく失《う》せていた。長期のアルバイトはしたくはなかった。「資格でも取ろうか」と、ほんのわずかながら思っていたからだ。中小企業診断士に興味はあったが、あるアルバイトの面接先で「あれは経験を積まないといけないし、自分で営業先を開拓しなければならないからね」と言われただけで、萎《な》えていた。

虎の子の宇部興産と北陸電力を処分しても、数カ月で消えてしまう。進退は窮《きわ》まっていた。

掃除夫の安定

清掃業。この職場へ行き着くきっかけとなったのは、祖母の薦《すす》めだった。

親戚が働く職場で、私自身も学生時代にアルバイトしていたことがある、よく知った会社だった。「とりあえず」の腰かけ気分で、嫌なら辞めればいいさと投げやりな気持ちで受けた面接はすんなりと通ってしまった。

と言っても正社員ではない。アルバイト待遇で、自動車ディーラーを1～2軒回って清掃する仕事だった。朝9時に出社すると社用車で清掃先へ移動し、掃除を始める。

3人一組の清掃作業は、椅子や荷物を机に上げることから始まり、モップを石鹸水にひたして、床面全体へ塗りたくる。ポリッシャーという機械でざっと洗浄し、部屋の隅や机の下の汚れはハンドブラシで丁寧にこすり取り、「かっぱぎ」という器具で床の汚水をバケツに入れ、さらに乾いたモップで二度拭きし、仕上げに樹脂製のワックスをこれも二度塗りし、乾燥機で床面を乾かしたら終了だ。移動した椅子や荷物を元に戻し、完了報告書に印鑑をもらって、午後4時頃、家路につく。

日中の作業なので店員から嫌がられることはあったし、夏場の作業では暑さに悩まされもしたが、以前の勤務先とは天と地の差だった。営業会議で吊し上げられることはないし、スーパーの担当者との会話のネタに詰まることもない。何より不吉な知らせとなるポケベルから解放されたのが大きかった。

身体的な辛さはあったが、心に気味の悪い汗をかかなくて済むのがありがたかった。

生活費のために売った株が急騰

同じ頃、日本経済にも動きがあった。自民党の金丸信《しん》副総裁（当時）逮捕のニュースと前後して、政府は総合経済対策を発表した。

この一報が伝わると、三角持ち合い（次ページの図参照）を作っていた日経平均は窓を開けて一気に上放《うわばな》れた。93年３月の１万７０００円台から翌月には２万円台を回復した。

社会資本整備に10兆円の予算がつけられたことから「２つのＮ」（ＮＥＣとＮＴＴ）などの通信インフラ関連が全面高になっていた。

「もしもＣＳＫを処分しなければ……」

生活苦から１４００円で処分したＣＳＫ株は３２００円になっていた。儲けられなかった30万円を損した気分になっていた。当時の僕にとって、それはとてつもない大金に感じられた。邱永漢氏が言っていたように「お金の少ない人ほど1万円札1枚の価値は増す」のだ。

これは今も残るトラウマであり、教訓となっている。

きちんと貯金をして、生活費のために投資が犠牲にならないようにしようと誓った。

本格的に株の売買を始めたのもこの頃だった。東証2部（現・スタンダード）や店頭公開株のチャート集を買い始めていた。「チャーティスト」（チャート信奉者）となりつつあった。元

三角持ち合いとは?

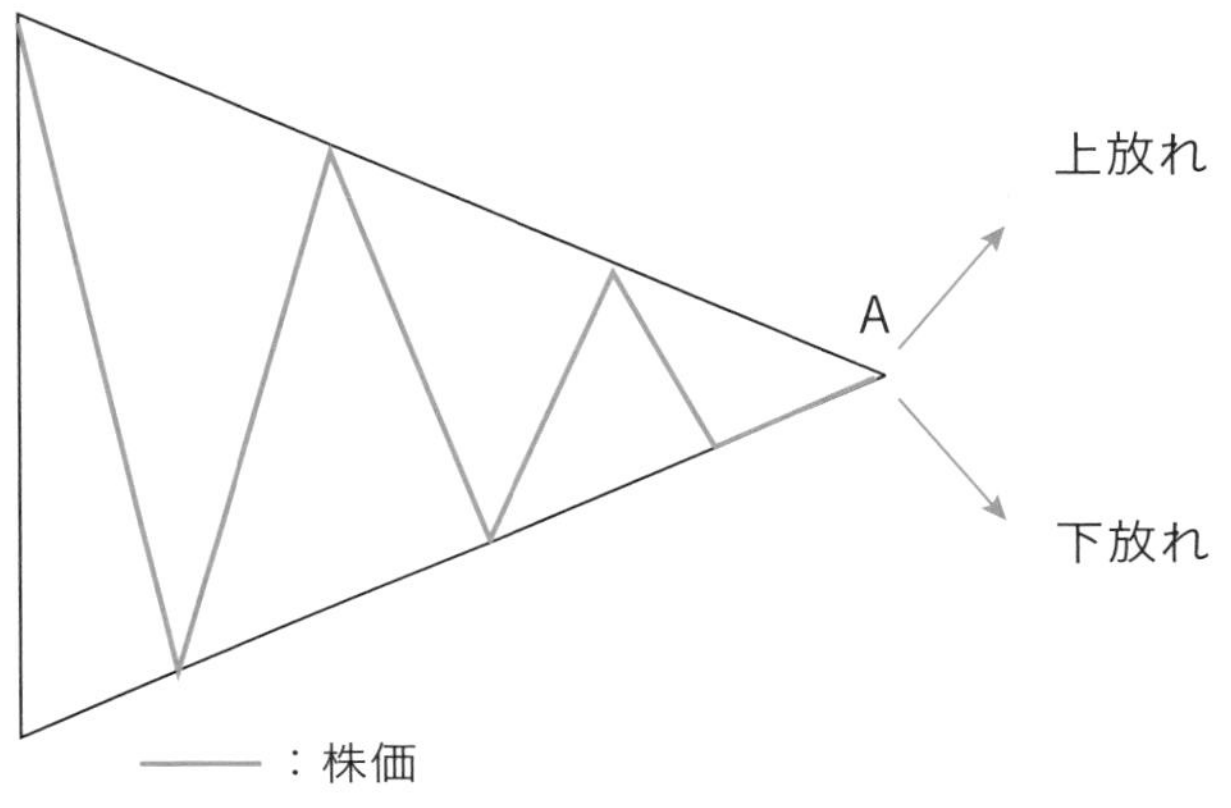

»www9945's comment

株価が上下しながらも横ばいのような状態を指すことを「持ち合い」と言いますが、その動きの幅がだんだんと小さくなっていき、チャートの形が三角形のようになる状態を「三角持ち合い」と呼びます。チャートが三角形のAの部分に達すると、株価は上か下に大きく動く（＝窓を開ける）ことが多いので注目。

手となったのは、値動きの弱い北陸電力を利益確定して得た40万円だった。

このときに参考にしたのは『株式罫線の見方使い方』（木佐森吉太郎、東洋経済新報社）という本だった。


先駆株および仕手株は一番天井を早くにつけ、二番天井、三番天井と株価はジリ安となり、下値抵抗線を割って終わる。

出遅れ株は先駆株が二番天井をつけた頃に一番天井をつける。

弱体株は先駆株の三番天井で一番天井をつける。


おおよそ、そんなことが書いてあった。弱体株とは相場のテーマ性とは無縁の不人気株だ。それを見つければ儲かるはず。値動きの弱い株より弱体株のほうがすぐに儲かると思った。

短期で儲かりそうな「弱体株」を探した。アンテナに引っ掛かったのは住宅専門ローン2位の第一住宅金融だ。不動産バブルの崩壊から「住専」の貸し倒れ急増が問題になりつつあった。第一住宅金融も翌年には倒産することになるボロ株だ。

第一住宅金融を買って2日後、政府による公的資金注入のウワサが流れストップ高で、8万円の利益となった。ひとりベッドで足をばたつかせて浮かれた。たかが8万円でも「お金の少ない人ほど1万円札1枚の価値は増す」のだ。

だが、これは上昇末期の〝間欠泉〟を偶然捉えただけだった。株価というのはピークをつける直前ほど急角度でよく上がるのだ。この成功体験がその後の道のりをより難しくした。チャートだけで勝てるんじゃないかと、甘い考えを抱いてしまったからだ。

手取り給与額の35%を株に回す

生活のほうは大底《おおそこ》を脱していた。

転職して1年後の94年9月、20倍の倍率をくぐり抜けて公団住宅に当選した。それも初申込での一発当選だった。6万5000円の家賃負担は4万5000円へと大幅に減らせることになった。しかも2年ごとの更新料がない。私はこの手の不条理な支払いが大嫌いなのだ。

仕事でも大きな変化があった。9カ月のアルバイトの末、正社員となったのだ。顧客店舗の清掃状況のチェックや書類のやり取り、見積書の作成、事務作業、それにクレーム対応などが中心となったが、欠員が出たときなど現場で清掃する機会は多かった。

会社員生活に満足していたわけではない。会社員は投資信託に組み込まれた株のようなものだ。つまり、ファンドマネジャー（部長）のお気に召すパフォーマンス（成果）を挙げなければ切られてしまう株（リストラ社員）と同じで、会社員の命運も雇用主の意向ひとつ。かといって優秀なパフォーマンスを挙げたところで、注目されるのはファンドマネジャーや雇用主だ。株式投資なら自分のパフォーマンスが数字となって自分に跳ね返ってくる。勝負の世界では「敗者には何もやるな」との言葉があるが、同じシンプルさが株式投資にもあり、それが自分には心地良かった。

かといって会社を辞める度胸はなかった。会社にはパチンコでヤラれた1名とフィリピンパブで身を持ち崩した1名の計2名の破産者がいた。インフルエンザにかかっても病院代がなく医者にもかかれない後輩は、いつももやしをおかずに腹持ちのいいおかゆを食べていた。そうはなりたくはなかった。「無収入・出費のみ」の失業生活に戻りたいとは決して思わなかったし、安定的にもらえる給料の魅力は大きかった。

家賃負担が減れば、その分、多く株に回せる。仕事が安定すれば、多くの時間を株に費やせる。だんだんと生活に占める株の割合が増していった。

給料は20時間の残業代込で手取り22万6000円。支出は食費が4万1000円に公共料金の支払いや保険などで2万円、新聞や書籍で3万円などで、小遣いが4万円だった。当時は日々の金銭出納を記録していた。こうすると、お金の使い方がよく見えるようになるからだ。

貯蓄は給与から5万円、それに祖母から毎月もらっていた小遣い3万円を足して計8万円。給与額の35%ほどだった。公団住宅に転居する前の3カ月間は手続きの関係上、実家から遠距離通勤したから、貯蓄額はさらに殖えて手取りの半分を占めていた。

今の安定した生活を続け、その間に株で資産を殖やし、将来的に株式の配当金で生活すること——これが目標になっていった。まだ総資産は200万円だったが、だんだんとペースができていた。94年6月から3年間、毎年130万円ほどを貯蓄し、投資に回した。3年間でおよそ400万円。総資産は780万円ほどに殖えていた。

初めての「元手2倍」から生まれた「www9945」

だんだんとマクロ・ミクロの経済指標や読み方（ファンダメンタルズ）の知識も身についていた。「儲かる➡楽しい➡もっと勉強する➡興味の生まれた株を買う➡儲かる」という好循環が生まれつつあった。ただ、とくに意識して勉強したわけではない。「株を勉強する」と思ったことは一度もない。「楽しいからもっと知りたい」の思いだけで今までずっとやってきた。

儲けのヒントはどこにでも転がっているのだと思う。私も仕事や普段の人づき合いの中から投資のヒントを見つけている。たとえばパチンコやフィリピンパブが自己破産する人が出るほど熱中させるものなら、パチンコ産業やフィリピン株は有望なのでは、そんな発想ができるようになっていた。

2023年に上場廃止になったがプレナスという銘柄があった。持ち帰り弁当の「ほっとも

本格的な株式デビュー

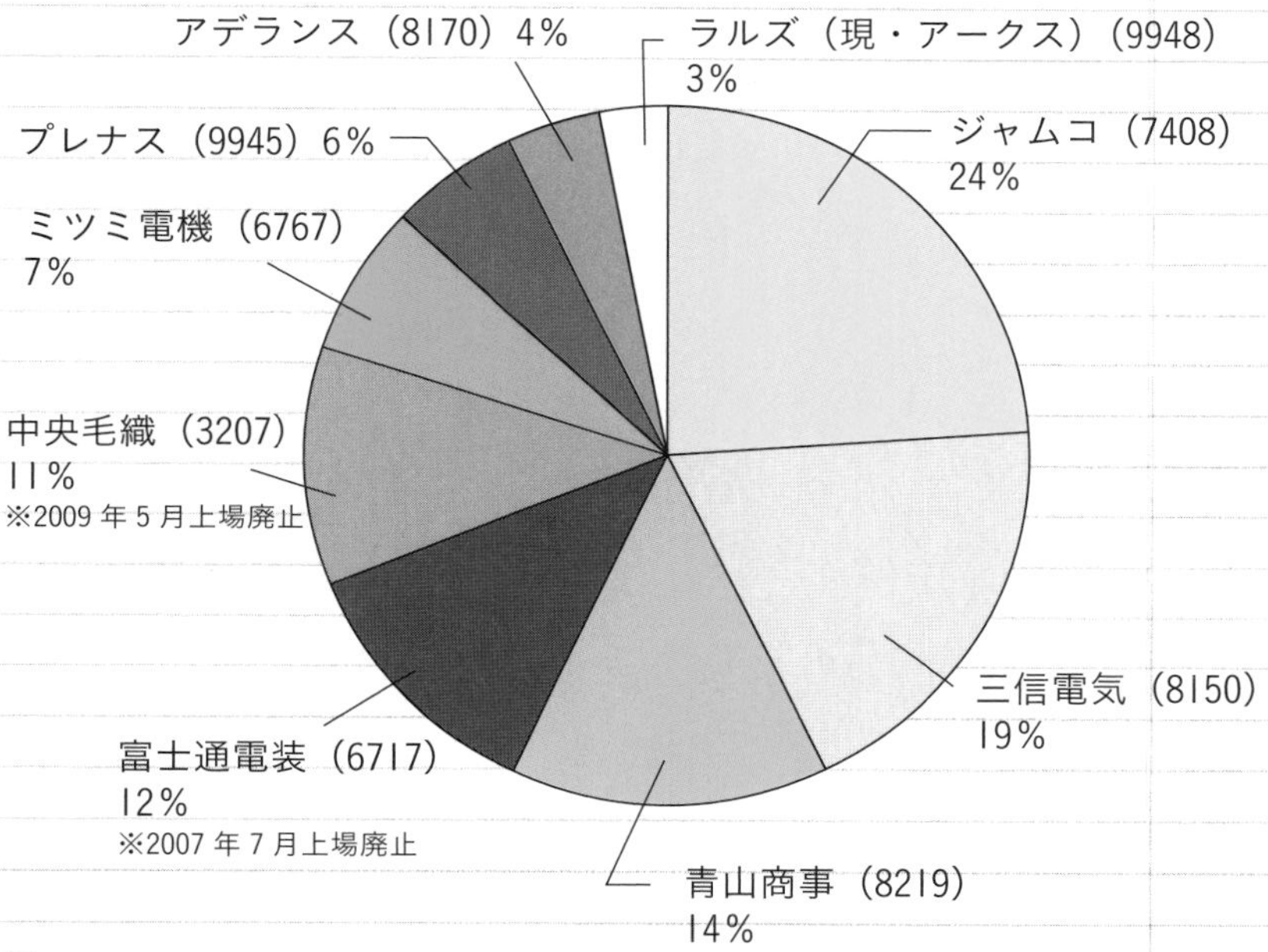

»www9945's comment

1996年6月当時の保有銘柄構成（株式ポートフォリオ＝PF)。手取り額の35%に相当する8万円をコツコツ貯蓄に回して株購入のための原資にすること3年。総資産は780万円でした。

っと」を展開する会社だ。

私がこの株を最初に買ったのは1996年だった。

将棋サークルに入っていた学生時代、よく部員の弁当をまとめて注文していた。理由は単純で外食よりも安く貧乏学生たちには便利な存在だったからだ。

それから7年、日本は不況風が吹き、「外食から（より安価な）中食へ」という流れが生まれ始めていたし、女性の社会進出も進んでいた。女性が忙しくなれば、食事を弁当で済ませる家庭も増えるだろう。

そんな「読み」があった。業績的にも11年連続最高益更新、毎年増配と非常に魅力的な株だったから買うのに躊躇《ちゅうちょ》はなかった。

株価はというと購入時の1500円台から、アジア通貨危機による暴落で500円台まで下げていた。ただ、業績自体は堅調だったから、ミニ株を使ってナンピン買い（第2章46ページ参照）していた。

そんな折に会社の自社ビル1階を賃貸しようという話が持ち上がった。店子として候補になったのが、まさにこのプレナスだった。「おまえが詳しそうだ」と調査担当を仰せつかった。

そこでわかったのはプレナスが九州で強いということだった。「九州モデル」ともいうべきドミナント戦略（出店戦略）を構築しているのだが、首都圏ではフランチャイズ（FC）本部に遠慮して九州モデルを展開できておらず、首都圏店舗の利益率も九州よりはるかに低かったため、自社ビル1階の賃貸話は断ることになった。

一方、投資家としては「効率的な九州モデルで全国展開できればいいのに、惜しいな」との思いが残った。そこへ飛び込んできたのが、プレナスが本部を関連会社化するというニュースだ。九州と比較にならない商圏である首都圏でもドミナント戦略を採れば、利益は急増する。さらに買い増しして平均単価は1300円。株価が2600円まで上昇したところで半分だけ利益確定したが、50万円の利益になった。

これまでの損に比べればたかが50万円だが、初めての「元手2倍」の経験が嬉しかった。

プレナスの証券コードは9945。私のハンドルネームの由来だ。「www」のほうはといえば、こちらに意味はない。単純にインターネット上の人格だからワールド・ワイド・ウェブから採っただけだ。

聞いたウワサ話に儲けのヒントが

もう1銘柄、仕事がヒントになって見つけた銘柄がある。

自分が働く業界と同じビルメンテナンスの独立系大手・日本管財だ。ビルの管理は多岐にわたる。「建てて終わり」ではない。建ててから壊すまでの数十年間、毎年膨大な管理費用がかかる。エレベーターの管理、セキュリティ、空調設備、それに清掃。ビルの管理はたいてい総務部の担当だが、「セキュリティはここ、清掃はこの会社」といちいち個別に業者を選定する手間は掛けたくない。日本管財のような総合ビルメンテナンス会社に一括発注するのが常だ。

だから、こうした総合ビルメンテナンス会社は建設会社系から不動産系、独立系まで濫立《らんりつ》しているが、清掃でビルを回って聞こえてきた評判は「日本管財はとにかくケチ」ということだった。

ケチというと語弊《ごへい》があるが、コスト管理に厳しいということであり、従業員や下請けからしたら不満だろうが、投資家としてはケチな企業ほど魅力的だ。しかも当時は毎年１：１・１の株式分割を行っており、株主還元重視の姿勢も買いだった。プレナスのように「元手２倍」とはいかなかったが、24万９０００円の元手は41万６０００円になってくれた。

ちなみに日本管財のケチケチ経営はずっと続いていたのか、２０１３年時点の四季報では、社員の平均年収は３２９万円。東証一部（現・プライム）上場企業の平均年収が６００万円台のときだからだいぶ低いことになる。

株の成績はだんだんと見られるものになってきた一方で、問題もあった。ひとつはナンピンだ。

だが、もっと大きな問題だったのは自分の博打《ばくち》気質だった。この話は次章で述べたいと思う。

第2章

「ネット×バリュー株」で5000万円を作る！

「本業：株式投資、副業：会社員」の決意

毎年10％の利回りを20年続ければ1億円

正社員となり生活が安定し、本格的な株生活が始まった。

手取り22万円の給与から毎年１００万円以上を貯蓄し、株に回す。当時取り憑《つ》かれていたのが「10％妄想」だ。このペースで貯蓄し、かつ毎年10％のパフォーマンスでいくと１億円へ到達するのはいつか。電卓を叩くと20年後だ。

もちろん「毎年10％」というのが現実的ではないことはわかっていたが、長期的に10年くらい持てば２倍になる株もあるだろうし、難しくないのではと考えていた。

そうでも考えないと投資意欲が挫《くじ》けそうだった。

１９９７年からのアジア通貨危機と翌年のルーブル危機で自動車販売は急激に落ち込み、自動車ディーラーを主な顧客とする私の会社も大きな影響を受けた。

それまで毎月１回だった定期清掃が隔月へと減らされた。売上でいえば50％減だ。それから３年後には代金の20％カットを通告された。最初の売上を１００とすれば50になり40へと減ったことになる。この仕事は景気の減速には敏感に反応し、景気の回復には鈍感だ。金融システムの変調が実体経済へも影響を及ぼしていることをヒシヒシと感じた。

今でこそ冷静に振り返れるが、当時は慌てた。最初の50％減で「このままでは仕事がなくなるのでは」と悲観したが、20％減のときには腹をくくった。

いつ仕事がなくなってもいいように、もっと貯金を殖やして株式投資に注力しなくては、と、「本業：株式投資、副業：会社員」なのだと決意した。

そんな決意とは裏腹に、投資は見事なばかりに失敗を繰り返していた。それでいてよく「本業：株式投資」なんて言えたものだとあきれるが、少しでも希望があるのであれば、それに賭けたかったのだ。

「教祖様」にすがってもお布施を支払わされるだけだ

たとえば「アラー投資法」。これを生み出したのは航空機用の化粧室や厨房を作っていた主力のジャムコ株がマイナス35％と低迷していたときだ。投資法といっても難しくない。1日5回、メッカの方向を向いてアラーの神に祈るのだ。

残念ながらムスリムではない私には効果がなかった。これは笑い話で済むが、「教祖様にすがる」のはみなさんにも教訓にして欲しい失敗だ。

私が最初に「教祖様」としたのは、大京株の空売りで大儲けしたというH見Y二郎氏だった。今も細々と残っているようだが、「ダイヤルQ２」という電話を使った有料情報サービスがあった。当時は3分間300円の定量制だっただろうか、電話を使って占いや競馬の予想を教えてくれたり、あるいはのちに社会問題化する出会い系的なサービスが行われていた。

そんなダイヤルQ2のサービスのひとつに、H見氏が相場の見通しと推奨銘柄を教えてくれるサービスがあった。

毎日5分ほど話すので1回450円ほどだが、それが1日3回更新されるのだから月間1万円以上が飛んでいった。推奨銘柄だけを教えてくれれば電話時間も短くて済むのだが、敵もさるもの。世界経済のマクロから始まり、日本の市況へと移り推奨銘柄を話すのは、決まって最後なのだ。電話料金の請求書が恐ろしくてたまらなかった。

毎日銘柄を推奨するのだから、どれかは当たる。当たった銘柄だけを「当初から一貫推奨」とPRし、外れた銘柄はフォローしない。

「ダイヤルQ2投資法」は2年間続けた。洗脳のようなものだったのだろう。その代金で目をつむってボロ株を買いまくっていたほうがよほど有益だった。

次にハマった「教祖様」は大竹慎一氏だ。米国在住のファンドマネジャーで著書も多い。H見氏よりはずっとまともな人物だ。大竹氏の講演を収録したカセットテープは1本2万円ほどだった。これが年4回発売される。それを5年間、毎回欠かさず買っていた。それで儲かるものなら安い、本気でそう思っていた。しかしちっとも安くないし、儲からなかった。

海外株を始めたのもこの人の影響だ。ただ、当時の米国株投資環境は悪かった。手数料が片道2・5%なのはまだしも、為替手数料のコストが高く、株価は上がっても思ったほどは儲からなかった。

またアジア通貨危機直後の98年1月には韓国株が超割安になっていた。買いどきだと思ったので大証(現・大阪取引所)に上場していた韓国株ETFを買いたかったのだが、その前に心酔していた大竹氏の意見が聞きたかった。

大竹氏のセミナーに出席し、「コリアはいかがでしょうか?」と質問したところ、否定的な回答だったので投資しないでいたら、その後、爆騰《ばくとう》した。

第三者のアドバイス、意見はあくまでも参考に留《とど》めるべきなのだが、全面的に信じていた。成功しても失敗しても、洗脳から覚めてみると苦い後味が残るだけだし、自分の力量をつけることにはならない。

とはいえ、大竹氏自身はしごくまっとうな人物で、そのマクロな相場観や適正株価の分析方法などが大いに参考になったのは間違いない。通勤途中で繰り返し聴いたものだ。

「経営者惚れ」を止めさせてくれた商工ファンド

個別銘柄は大竹氏の影響で組み入れた株が多かった。松本建工、亜細亜証券印刷(現・プロネクサス)、サンマルクホールディングス、イトーヨーカドー、公益社、アルビスなどは完全に大竹氏の影響だ。とくに大竹氏が力を入れて推奨していた銘柄が商工ファンド(SFCG)だ。厳しい取り立てが問題となったが、2000年からナンピン買いしていた(46ページ参照)。

買った理由としては、

・不況下では中小企業は高金利な商工ローンに手を出さざるを得ない
・貸出金利の低下により商工ローン業界の競争が激化。中小は潰れ、大手への寡占化が進む
・金利上昇リスクに100%ヘッジできる唯一の業界
・無担保の小口(200万円程度)融資で連帯保証人の逃亡リスク対策
・低PER、豊富なキャッシュフロー(手元にある現金が潤沢)

といったところなのだが、何よりも商工ファンドの経営者である大島健伸《けんしん》氏のカリスマ性に惚れていた。

株主総会に出席し、質問をしたのもこの会社が初めてだった。

商工ローン問題について聞くと、一代で商工ファンドを起業、上場させた大島社長からは「違法行為は、社員単独の私文書偽造だけで処分済みである。他に取り立てに脅迫めいた違法行為はしていない。適法なものである」といったような回答だっただろうか。今後についても「雨が降ろうが槍が降ろうが、ハリネズミのような超保守的な財務基盤で乗り切る」「前期は純

PERとは

PER（株価収益率）＝時価総額 ÷ 純利益
（＝株価 ÷1 株当たりの利益）

»www9945's comment

PERは一般的に20倍が平均といわれていますが、業界によってその平均は異なります。ITやバイオ業界では平均値が高くなりがち。金融業界は景気変動によって平均値が大きく変化します。式にある「時価総額」とは、「株価×発行済み株式数」で計算される会社丸ごとの値段です。

利益90％減だが、ジャンプする前に屈《かが》んでいるだけだ。今期利益は3倍増となり急回復する。私も大株主なので投資家の方々と同じ船に乗っている」という心強い言葉に、惚れ直したものだ。

時代は飛ぶが、商工ファンドはその後、プチ不動産バブルの波に乗り、不動産融資事業を拡大させるが2008年のリーマンショックで、当《とう》のリーマン・ブラザーズから融資を受けていたことがきっかけとなり倒産する。

商工ファンド以来、私は社長のカリスマ性や言葉に思い入れを持つことはなくなった。誰かの助言

商工ファンド株でナンピン地獄

回数	株価（円）	株数
1	32,516	3
2	28,000	1
3	25,950	1
4	23,000	2
5	22,700	2
6	22,910	3
7	20,510	3
8	16,780	2
9	16,180	2
10	15,000	2
11	15,090	10
12	14,100	3
13	16,800	3
14	18,400	10
15	18,000	3
16	23,110	2
17	23,500	5
平均取得価格	20,738	合計 57

>> www9945's comment

商工ファンド株ではナンピン（難平）を含め、計17回買い付けしました。ナンピンとは保有株が買った価格よりも下落したときに、さらに買い増しすること。平均取得価格を下げるために行う手段ですが、往々にして含み損が拡大するので、やらないほうが無難。

に頼ることも、だ。彼らにとって個人投資家はゴミのようなものだ。うまいことを言って騙《だま》そうとしているに過ぎない。極端だが、そのくらいの覚悟でいたほうがいい。

経営者の誠意とは言葉ではなく、モノであり現金だ。

これも極論ではあるが、心躍る100の言葉よりも、増配であり優待のほうが信じられる。大竹氏は会社訪問をして面会した経営者の魅力で株を推奨することが多かった。それも投資法として正しいのかもしれないが、自分には合わない。経営の重心はトップにあるのではなく、中間管理職パワーだと思っている。

商工ファンドで顕在化した自分のナンピン癖には、その後も悩まされた。

「これぞ」と思った株が下がると、ついナンピンしてしまう。プレナスの場合はナンピンが功を奏してくれたが、うまくいってばかりではない。ナンピンしても、そのまま株価が回復せず大損することも少なくなかった。

ナンピンする銘柄が出ると株価が回復するまで身動きが取りにくくなるし、上がった銘柄はすぐに売ってしまうから、手元には冴えない銘柄ばかりが残ることになるのも問題だった。

ワラント、オプション――抑えがたいギャンブルへの衝動

だがナンピンよりも大きな問題が自分自身の中にあった。ギャンブルへの衝動だ。

最初に手を出したのはワラントだった。社会人になって2年目、まだ買いたい株の値段が高すぎて買えずにくすぶっていた私には、少額から始められるワラントは天啓のように感じられた。ワラントはオプションという取引の一種で、基本的には株価に連動して動くが、動く値幅は株価の数倍、数十倍にもなる。典型的なハイリスク・ハイリターン商品だ。しかも、取引期限を過ぎると価値はゼロになる。初心者は手を出さないほうがいい代物だ。

私が買ったのは住友金属のワラントだった。たいして仕組みがわかっていないにもかかわらず30万円分を買ったのは、「一発当たれば数百万円」というヤマっ気以外の何物でもない。6月に購入してから数カ月、一度も買値を上回ることはなくジリ下げが続くばかりで、期限である翌年4月を前にして、さすがに損切りする気になったが、すでに価格は0・05円だった。刻み幅は0・05円だから、「もうこれ以上は下げられない」という水準だ。それでも、30万円がゼロになるよりはマシだからと売り注文を出したが、売り気配のまま期限を迎え、取引が成立することはなく、30万円は紙切れとなった。

株でいえば株価1円、しかも売り気配のボロ株に売り注文を出していたようなものだから、自業自得だ。

ワラントのようなデリバティブ商品は儲かっても損をしても「ふ～ん」といった感じだ。デリバティブの世界だと1万円札は軽い。

それから5年後には日経225オプションというのを手掛けるようになった。

当時、個人向けに扱っていたのは松井証券だけだったので、日本橋郵便局の裏手にあった松井証券まで出向いた記憶がある。対面で誓約書に捺印しないと取引できなかったからだ。

日経平均が1％動くだけで、オプションの価格は30％も上下した。

清掃先の会議室で掃除機をかけながらこっそりとラジオたんぱに耳をそば立てると、先ほど150円高だった日経平均は350円高になっていた。掃除機をかけている間に、自分の資産は吸い取られていた。投機筋の仕掛けだったようだ。

オプションの吸引力は強力だ。わずかな値動きだけで簡単にお金が吸い取られていく。しかも、ワラントやオプションで失敗しても、「投機的な動きが入ったせいだろう」とその原因を突き詰めることがなく、簡単にスルーしてしまうから、いつまで経っても成績が安定しない。

株は違う。株価が暴落したら理由がある。決算書やニュースを見れば答えがわかる。

株で負ければ将棋で負けたのと同じで定跡書の研究が足りず、詰め将棋を解いた数が足りず、要は努力が足りていなかったのだと、悔しさが残る。全人格を否定された気分になる。

しかし、オプションで負けても軽いノリで「次、行ってみよ〜」と思えてしまう。

この年には日経225オプションで200万円、さらにワラントでも30万円ヤラれ、合計230万円がマネーゲームの掃除機に吸い取られた。ほぼ2年分の貯蓄だ。それだけヤラれても、心には（おかしな方向への）前向きさが残る。この気分は何かに似ている。

パチンコだ。いくら負けても「あと1000円だけ」「もう少しで出るから」と、軍艦マーチに引き寄せられていく、あの感覚だ。

投機への欲望は抑えつける必要はない、しかし……

オプション口座を開設するとき、受付嬢は「個人投資家の90％はヤラれてしまうんですよ」と言っていた。（またカモがヤラれに来た）という受付嬢の心の声が聞こえるようでもあったが、自分はヤラれないほうの「10％」だと信じていた。

「株はそこそこ勝って儲かるが、ワラント（懲りずにまだ続けていた）やオプションで大損する」という状態は02年頃まで続いた。

欧米の投資家を描いた名著『マーケットの魔術師（株式編）』（ジャック・D・シュワッガー、パンローリング）にある、私が尊敬するスチュアート・ウォールトンの言葉を引用してみたい。

「ギャンブルしたいという衝動があるのです。これを満足させなくてはならないのは、ずいぶん前に悟りました。しかし、限定的な方法でなければならないと思っています。従って、ファンドの中には少額の資金を用意して、この衝動を満足させられるようにしています」

ギャンブル的な衝動は無理に抑えつける必要はない。ただし、「限定的な方法で」「少額の資金」で満足させなければいけないのだ。それなのに、私はメイン口座でギャンブルをしているのだから、話にならない。日経225オプションでは1996年の儲け分をすべて飛ばしていた。

投資のすぐそばにはギャンブルという魔物が寄り添っている。自分が魔物にたまらなく魅力を感じてしまう気質だということも。

何度痛い目に遭っても学ばない、博打気質のせいで2002年頃まで資産は600万円から1000万円の間をずっと推移することになる。

株仲間と話すと「何か知らんが、www9945はいろいろな金融商品のことをよく知っている」と言われるのは、常識人が手を出さない投機的な商品に欲に駆られ何度も手を出し、痛い目に遭ってきた経験があるからだ。

多分、ギャンブルへの衝動は多かれ少なかれ誰にでもあるだろう。その衝動を無理に抑えつける必要はないが、だが、くれぐれも「限定的な方法で」ということだけは忘れないで欲しい。

仕組みを理解しないままに始めてしまう悪癖

この時期は日経平均が下がると基準価額が上昇する「ベアファンド」でリスクヘッジもしていた。今から思うと「何を生意気な」という話だが、1997年はアジア通貨危機の年でもあり、自分なりにいろいろと考えていたのだ。

しかし、考えが浅かった。

この225ベア型の、正確には下げ幅の2倍の値動きをするダブルベア型のファンドを買ったのは97年8月。日経平均は1万7000円ほどだった。

翌年1月、日経平均は1万6000円へ下がっていた。本来なら下げ幅1000円の2倍、2000円幅の利益になっていてもよさそうなのに、基準価額は下げていた。

そんなバカなと思い、商品性をよくよく調べてみると、この投信は激しい値動きがあると原資産である日経平均との連動性が薄れ、また時間とともに基準価額が下がっていく商品特性を持っていた。1万7000円での購入後、一時は1万4000円まで急落し、さらに1万6000円へと戻る激しい値動きをしていたため、原資産と基準価額との間に大きな乖離《かいり》が発生していたのだ。

これでは何のリスクヘッジにもならない。結局、マイナス13%で損切りした。

ワラントやオプションでもそうだったが、「とにかくやってみなければわからない」と仕組みを理解しないままに始めてしまう悪い癖が自分にはある。

やってみなければわからないことはたくさんあるが、やってみる前にわかっておくべきこともたくさんあるのだ。最低限の知識すら持たずに参戦して勝てるほど、甘い世界ではない。

「毎月コツコツ」の積立は自分には合わない

模索の時期、毎月一定額ずつ株式を買っていく株式累積投資(るいとう)も始めていた。97年の半ば頃。つまりオプションでヤラれた3カ月後だ。「オプションから積立へ」とはかなり振れ幅が大きいと我ながら思うが、ギャンブル癖をいちおうは反省したのだろう。

イトーヨーカドー(現在は非上場)、プレナス、日本管財、ヤマトホールディングス、ドトールコーヒー(のちに上場廃止)、野村ホールディングス、プロネクサスの7銘柄を毎月1万円ずつ。10年後の大化け狙いだった。

しかし、2001年にはやめてしまった。というのも、そもそも株の積立には問題があると思う。その理由はいくつかある。

・資金的な余裕がなくなり、他の銘柄が買えない
・選んだ銘柄にのみ資金が集中する
・株価上昇時には平均買付単価が上がるので「買い上がり」となる
・積立開始後に上昇し反転下落する「へ」の字型の値動きだと損失となる
・手数料が割高となる
・一定期間継続しないとドルコスト平均法(定期的に均等に投資する方法)のメリットが出

ない

00年はＩＴバブルで盛り上がっていた。野村證券が「ノムラ日本株戦略ファンド」を売り出し、１兆円を集めたことが話題になっていた頃、自分のるいとうを少しずつ処分していき、01年には完全にやめてしまった。

野村の投信は設定初日の買付銘柄と株数の表が事前にインターネットへ出回っていた。初日に板を見ると、本当に野村とおぼしき「買い」が入っており、関連銘柄はほぼすべてが寄り付き天井で下げていった。インターネット時代は到来していた。

時代の趨勢《すうせい》とは裏腹にＩＴバブルはすぐにはじけ飛び、日経平均２万円を天井に３年後には１万円割れへと下げていった。

るいとうを続けていたら、底なしのナンピンになるところだったが、何だかんだ理由を言っても、結局はコツコツ積み立てるようなやり方が自分の気質に合わなかったというのが最大の問題だったのだろう。

ちなみに積立型の商品はこれが初めてではない。社会人になってすぐ、純金やプラチナ、さらには日経平均連動の投資信託にも毎月コツコツ積み立てていた。市況が悪かったため、これもすぐにやめてしまったのだが。

資金効率を格段に上昇させる禁断の「シンキ大車輪」

自分のギャンブル癖を露呈するようだが、「シンキ大車輪」という裏ワザを駆使したことがあった。

給料の3割以上を株へ回していたため、給料日前に生活費がなくなることがよくあった。そのときに利用したのが1週間無利息の消費者金融ローンだ。1万円くらいの借入なら給料が入ればすぐに返せる。最初は半信半疑だったが、本当に1週間以内の返済なら無利息だった。借りたものを完済すれば、翌日以降の借入は再度、1週間無利息だ。

非常に助かった一方で、50万円の借入枠に目が留《と》まった。「株買いたい病」の虫が騒ぎ始めたのだ。

20万円をシンキで借りて株を買う→7日目に他社（金利29％の一般的な消費者金融ローン）で20万円を借りてシンキへ返済（1週間以内の返済なので無利息）→8日目にシンキでまた新たに20万円を借りて他社分を返済→15日目に他社で20万円を借りてシンキへ返済→翌日シンキでまた新たに20万円を借りる。

この繰り返しならば通常の8分の1の3％台の信用取引並みの金利で資金調達でき、しかも返済期限はない。もちろん消費者金融の履歴は真っ黒になり住宅ローンは組めなくなるだろう

シンキのカードはボロボロに（写真右上）。その節は大変お世話になりました。

が、開き直った私にはどうでもいいことだった。「シンキ大車輪」は給料日前だけでなく、日本株の売買代金が現金化するまでの間に買いたい株が出てきたときにも使っていた。株を売って現金になるまでには4営業日を待たなくてはならない。そのうち、利用枠が50万円から80万円、１００万円へと広がっていったので、使い勝手は増していた。

　秋葉原の雑居ビル6階にあるプロミスのＡＴＭで50万円の借入を二度行い、4階まで降りて１００万円を返済する、そんなエレベーターみたいな取引を繰り返していた。ただ、１週間無利息だから返済期限となる曜日は毎週、１日ずつずれていく。先週が火曜日だったなら今週は水曜日となるのだが、うっかり忘れると1日分の利息としてランチ代が飛んでいく。

第二のメインバンクとしてシンキは重宝していたので、投資仲間にも薦めてみたが、速攻で却下された。良識ある人間のやることではないし、信用取引の金利低下で今では有効ではない。

さらに言えば、このシンキのカードはのちに投資のヒントも授けてくれるのだが、それはまた別の項に譲りたい――。

「入金投資法」でかろうじての資産横ばい

1999年11月末月時点の資産は1049万円。乏しい給料から8年間、毎年100万円以上を投入していた成果だ。2000年1月の資産は1040万円、翌01年末は940万円。資産は微減だった。この時期、日経平均も00年4月の2万円を天井に03年8000円割れへと下げていく。そんな時期に微減で済んでいたのだ。

もちろん入金の成果で、入金していなければ580万円になっていたはずだから誇れるわけでもないのだが「入金投資法は最高だ」と悦に入っていた。

やっていたことといえば、商工ファンドのナンピンに加えて、ジャムコやモリ工業、日本山村硝子、芦森工業の損切りで平均するとマイナス35％という惨憺《さんたん》たるものだった。

35ページの図で示したラルズ（現・アークス）など元手倍増銘柄もあったが、早々に利益を確定してしまい、しかもポートフォリオに占める比率も小さかったので、大して儲かっていないというちぐはぐさだった。

結局のところ、1996〜2002年の7年間、600万円台から1000万円ちょいまでの間を推移していただけで、「定期預金をやっていたほうがマシ」という有様だった。

投資の古典である『敗者のゲーム』（チャールズ・エリス、日経BPマーケティング）にこんな言葉がある。

「投資家は『稲妻が輝くときに』市場に居合わせなければならない」

ITバブルという「稲妻が輝くとき」に居合わせたにもかかわらず、低位株投資に没頭し、恩恵を享受できず、稲妻がキラリとも輝かないときにはおつき合いして、と低迷は続いていた。

この頃に始めたのがスクラップだ。

「情報収集を怠るようでは投資家失格である。できるだけ集めて取捨選択する目を養え」と「ダイヤルQ2投資法」のH見氏からご神託があったのがきっかけだ。

新聞や雑誌に気になる銘柄の記事が載っていれば、見境なく切り取ってスクラップしていった。あっという間に4冊のスクラップブックができた。日本株10銘柄、外国株10銘柄、マクロニュース8区分、その他5区分に分けてスクラップしていたが、その量は半端ではなく、切り抜いてストックするともう読み返す気力はなかった。

絵に描いたような本末転倒ぶりで、投資の役に立つことはなかった。

ただ、今もスクラップ作業は続けているが、切り抜いたら分類することなくカゴに放り込むだけだ。意外とそのほうが効率がいい。現在はパソコンが情報収集の中心だから、ハードディスクがスクラップブック代わりにもなっている。地味な作業だが、これが元手が何倍にもなるコツである。今なお、資産が1億円を超えた投資家さんがよくやっている作業でもある。

米国株デビューは掃除がきっかけ

00年前後、世の中にはインターネットがだんだんと浸透しつつあった。

1999年にはネット証券の先駆であるDLJディレクトSFG証券（現・楽天証券）が米国株の取り扱いを始めていた。手数料は片道2100円。店舗証券の半分以下のコストだった。あまりに嬉しかったので、DLJが扱っている銘柄をノートに貼りつけて、どれを買おうかとニヤニヤしていた。

ノートに書かれた銘柄にあったのがスリーエムだ。日本だと住友電気工業と合弁で住友スリーエム（現・スリーエムジャパン）として営業している、あのスリーエムだ。

この会社に着目したのは第1章で紹介した日本管財と同じく、仕事がきっかけだった。スリーエムというとセロハンテープや付箋《ふせん》で有名だが、清掃用具も作っている。『スコッチ・ブライト』のブランドで家庭用のスポンジなどを売っているし、会社でもスリーエムのポリッシャー用パッドや細かなファイバーのついたモップなどを使っていた。とくに「こする」道具の優秀さが印象に残っていた。

それとともに、ある特徴に気づいた。スリーエムは消耗品に特化していたのだ。モップもポリッシャーに取りつけるパッドも、そう何度も使えるわけではない。繰り返し発注して交換する製品ばかり。しかも競合製品がないのか、あるいは性能面で格段の差があるのか、値上げもファックス1枚で通知する殿様商売だった。

値下げとは言わないまでも、上げ幅をどうにか小さくできないのか、販社に聞いても「スリーエム製品は普段でも儲けが小さく、うちもギリギリなんです」と当惑気味だった。

繰り返し発注が発生し、値上げも簡単。しかも卸単価も強気らしい。フィリップモリスやコカ・コーラなど、アメリカの成功している多国籍企業の典型的なビジネスモデルだった。

米・スリーエムのコード「ＭＭＭ」はＤＬＪディレクトＳＦＧ証券の取扱銘柄リストに入っていた。ＰＥＲ15倍。配当利回りは２％台。80ドルで買った。１年半で１００ドルを超え、区切りがよいので売却した。

人の意見よりも自分の目で判断できる身近な会社のほうが儲かる――そう確信した瞬間だった。

日本にもバリュー株の時代が到来する予感

反転のきっかけはインターネットにあった。

98年に売買手数料が自由化されたことをきっかけに、インターネット証券が2000年頃から急速に発展し、それとともにインターネットを媒介とした情報交換も活発になってきた。

当時はまだ常時接続の時代でも、光ファイバーの時代でもない。貧弱な回線で23時から翌朝8時までなら接続し放題の「テレホーダイ」の時代。23時直後に接続しようとすると、他のみんなも同じことを考えているので接続しにくく、30分間は出費覚悟で22時半頃から接続しておくのが常だった。

そうまでして見たかったのは掲示板だ。普通の個人投資家が何を考えているのか、どんな銘柄を取引しているのか、取引の根拠は何なのか――そんな情報が一斉に流れ始めていた。

時を同じくして、世間では村上ファンドの名前が初めて登場していた。昭栄への敵対的買収をしようとして、株式公開買付（TOB）を仕掛けたのだ。

TOB自体は失敗したものの、村上ファンドが主張した「資産バリュー株」の考え方、つまり「保有する現預金や株式、不動産の含み益に比べると株式時価総額が低すぎる」という見方を投資家の間に流行らせることになった。

その後も投資ファンドのスティール・パートナーズがソトーやユシロ化学工業へ敵対的買収

を仕掛けたことで、バリュー投資で着目する土地や不動産の価値が顕在化するのではとの期待も生まれていた。米国株市場でもＩＴバブルの崩壊後、グロース（成長）株優位の市場から一転、バリュー株優位へと転換したこともバリュー投資家を後押しした。

世界的なバリュー株優位の流れ、村上ファンドなど効率的な経営を求める勢力の出現、そしてインターネット――。社会が、市場が、そして自分が変わりつつある予感があった。

インターネットが変えた個人投資家の勝ち負けピラミッド

ブログを始めたのもこの頃だ。最初はヤフーの掲示板に自分のポートフォリオをさらしたり、細々と投稿しているだけだったが、だんだんと荒らされることも増えてきた。自分の書き込みが他の掲示板に転載されたり、あるいは無用な尾ひれをつけられることがあった。

それが嫌だったし、また文字量の制約なく書きたかったこともあり、楽天ブログを利用してブログを開設した。現在も続く「kitakujinのｗｗｗ９９４５の公開プロフィール」だ。ブログのタイトルらしからぬタイトルだが、もともとはヤフーＩＤの公開プロフィール欄に書き込んでいた内容をブログにしたためだ。

掲示板やブログをきっかけにして、オフ会と称する呑み会へも頻繁に参加するようになった。掲示板よりも相手の反応が素早く返ってくるのが楽しくて、話題が尽きなかった。お互いのポートフォリオ銘柄リストを持ち寄って、それを肴《さかな》にすれば、時はあっという間に過ぎた。

一方で、怪しげな御仁《ごじん》もいた。インターネット初期の頃に覗いていた掲示板にカリスマJさんという人がいた。自らを「数百億を動かすトレーダー」と称し、文章の説得力、迫力、カリスマ性にあふれていた。

CSKやセガ、ヒューネット（現・RISE）などを推奨しており、この人が推奨するだけで株価が噴くくらいの影響力があった。ヒューネットは200円台から1170円への大化けだ。

しかし、CSKやセガは急落、Jさんも怪しげな株を推奨するようになり、いつの間にか姿を消してしまった。

インターネット時代になり、確かに情報に厚みは出た。しかし、胡散《うさん》臭い投資顧問会社や投資情報商材は活動の場をインターネットへ移し、相変わらず跋扈《ばっこ》していたし、何度も見てきた「腹に一物持ったオオカミ」と、それに唯々諾々《いいだくだく》と従う大勢の羊の群れという構図はそこかしこで見られた。

インターネット時代だからといって、誰もが儲かるわけじゃない（当たり前だが）。

だが、それまでの勝ち負けがシャッフルされて、勝ち組と負け組の新たなピラミッドができつつあった。

信用取引を活用、資産が激増する

インターネットが直接的に役に立ったのは銘柄の選定だ。あるホームページでは、バリュー投資家がそれぞれ「これぞ」と思う銘柄を持ち寄ってパフォーマンスを競うコンテストが行われていた。

ここはお宝銘柄の宝庫だった。

個別指導塾の明光ネットワークジャパン、コナミコンピュータエンタテインメント東京（のちにコナミに吸収合併）、アミューズメント施設運営のシチエ（ウェアハウスに社名変更し、現・ゲオホールディングスの子会社）、沖縄の大手スーパーであるサンエー、パチスロ機器中堅のアビリット（現・コナミグループ）、サッカー教室を運営するクリップコーポレーション、それに不動産流動化銘柄のアセット・マネジャーズ（現・いちご）……。

ここに書かれた銘柄に儲けさせてもらったのはもちろん、どんな点に着目すると成功するのかという着眼点が見えてきたのがありがたかった。

信用取引を始めたのも、この時期だ。それまでは「現物なら破産することはない。信用取引だと借金を背負う可能性がある」とあちこちから言われ、躊躇《ためら》っていた。その割には1週間無利息のシンキを使っているのだから、我ながら矛盾しているが。

だが、買いたい銘柄が増えてくるともう、我慢できなかった。それに信用取引の金利も自由化されて、「シンキ大車輪」よりも低い金利で取引できるようになっていた。

信用取引を始めると、最初の1週間で気づくと1000万円分の株を買い込んでいた。04年のことである。当時は2000万円ほどに資産が膨らんでいたが、それでも冷静になったときにはリスクの取りすぎで気分が悪くなった。

「バカとハサミは使いよう」と言う言葉が昔あったが、バカにハサミを持たせると危ないだけだ。

億超え投資家を多発させた不動産流動化ブーム

当時を象徴する銘柄といえばアセット・マネジャーズだろう。

きっかけは先ほどのバリュー投資家のコンテストだったが、05年にはポートフォリオの10％を占める筆頭銘柄になっていた。

当時流行っていたのが「MSCB」（転換価格修正条項付転換社債）による資金調達だ。細かい話は置くとして、当時MSCBの発行は株価の下げ材料だった。アセット・マネジャーズも05年8月にMSCBを発行すると、株価は58万円から42万円まで3割近く下げてしまった。

不動産流動化ブームで、関連銘柄は軒並み2倍、3倍になっていた時代、「ハズレくじ」を引かされた気分だったが、３カ月後にはもう58万円まで戻っていた。

周囲では「不動産流動化長者」が続々と登場していた。４億円を儲けたOさん、２００万円を10億円にしたDさん。１０００万円を1億円にしたnさん、いずれも不動産流動化銘柄で資産を急増させた有名な個人投資家だった。

そんな中でバリュー投資が中心で、せいぜい資産を年2倍にする程度だった私は肩身が狭かった。「整数倍に資産を殖やす友の会」とも言うべきメンバーは3倍、４倍はザラ、おそらく平均5倍くらいまで殖やしたのではないだろうか。

不動産流動化銘柄はそのくらい盛り上がっていた。

その恩恵にまったく与《あずか》らなかったわけではない。アセット・マネジャーズの株価は58万円から１０９万円へと急騰していた。「ＩＴバブル銘柄はこんなものじゃなかった」という言い分で１００倍を超える予想ＰＥＲは正当化されていた。

アセット・マネジャーズのおかげもあり、05年9月から12月の間に資産は２４００万円から４５１８万円へと急増していた。

３年間で5倍以上だ。しかし、過熱する株式市場と反比例するように私の心は冷えていった――。

資産5000万円の虚無感、そして失踪

仕事がつまらない。専業投資家としてやっていけるのではないか。

そんな思いが心に芽生えてくると、途端に労働意欲が失われていった。

周囲では投資家の退職、独立が相次いでいた。バリュー投資家のKさんにSさん、それにYさん。不動産流動化ブームで儲けたDさんやOさんは独立して投資レポート会社を作るそうだ――そんな話を聞くと、心が冷え込んでいった。

ベッドに縛りつけられたように、まったく身体が動かない朝があった。「今日は休ませてください」の電話すらできない。9時を30分ほど回った頃、電話が鳴る。まだ身体が動かない。心配した上司が様子を見にくるかもしれないと気づいた10時半、急に身体が動いた。縛りつけられていたのは身体ではなく、心だったのだろう。

言い訳するのも面倒で、カバンを持って公園のベンチで2時間、うずくまっていた。

「このまま会社を辞めてしまおうか。でも、資産はまだ5000万円にも満たない。とても配当金だけで暮らせるレベルじゃない。株を切り売りしてしのいだ、あの失業生活に戻るのか」

戻りたくない、その一心で電話ができた。上司はやはり家に来ていたようだが、幸いにも内々に留《とど》めてくれていた。父親以外には、だが。

夕方になると父親がやってきた。上司と3人で喫茶店に入り、仕事に楽しみを見いだせない

こと、辞めたいことを率直に告げた。

翌日、父親と2人で旅行することになった。まだ脱力感は抜けておらず、行きたくはなかったが、強く勧める父親の誘いを振り切る気力もなかった。

男2人の車中、父親にハンドルを任せ、私はずっと泣いていた。昨日のこと、上司の温かさ、今までにかけたさまざまな迷惑とそれを許してくれた人たちのことを思い出しながら。

父親は普段の生活とは似つかない高級旅館へと車を進め、一泊した。翌日には気力が回復していた。

このときのことは今でも感謝している。あのままならきっと、今頃は社内うつで休職か退職していただろう。

とはいえ、ハンカチで涙を拭く反対の手では携帯電話で株価をチェックしていたのだから、自分も図太い。

ライブドアショックから「バリュー株冬の時代」へ

週刊誌では「猿マネ投資術でボロ儲けのコツ」といった特集が組まれていた。自分で考えるよりブロガーの銘柄を猿マネして儲けろといった特集だったと思う。株式市場は過熱していた。

バリュー投資家を標榜していた人の中にも不動産流動化へ乗り換える人がチラホラと現れて

いた。鞍替え組のほうが成績はよかった。

だが、過熱する相場に転機の予兆があった。05年12月に書いた「東証から遅いメリークリスマス」という記事だ。相場の過熱感を冷やすため年明けにも信用取引の規制を強化するのでは、そんな記事が日経新聞に載っていたことを受けてのブログだった。

資産に占める現金の比率を上げ、守りを固める準備に入った。後から気づいたのだが、06年1月16日のブログでは、保有する25銘柄のうち11銘柄が新高値をつけたことについて書いていた。地味なバリュー銘柄中心のポートフォリオで半分以上が新高値をつけたら異常だ。11銘柄でも充分に危ない。通常の上昇相場なら、新高値をつける銘柄があったとしてもせいぜい3〜4銘柄だからだ。

このブログを書いた夜、ライブドアへの強制捜査が入った。そして翌日、ライブドアショックが起こる。

午後の取引になるとマネックス証券はライブドア関連銘柄の信用取引の担保掛け目を0％にした。これで流れは決まった。時代の寵児《ちょうじ》であるライブドア関連銘柄の価値を、大手ネット証券が「価値はゼロです」と認定したのだ。ライブドアを担保に信用取引をしていた投資家は死刑宣告されたも同然だった。

09年3月まで延々と続く低迷相場の入り口だった。

第3章

下げ相場で学んだ堅実なお金の〝殖やし方〟

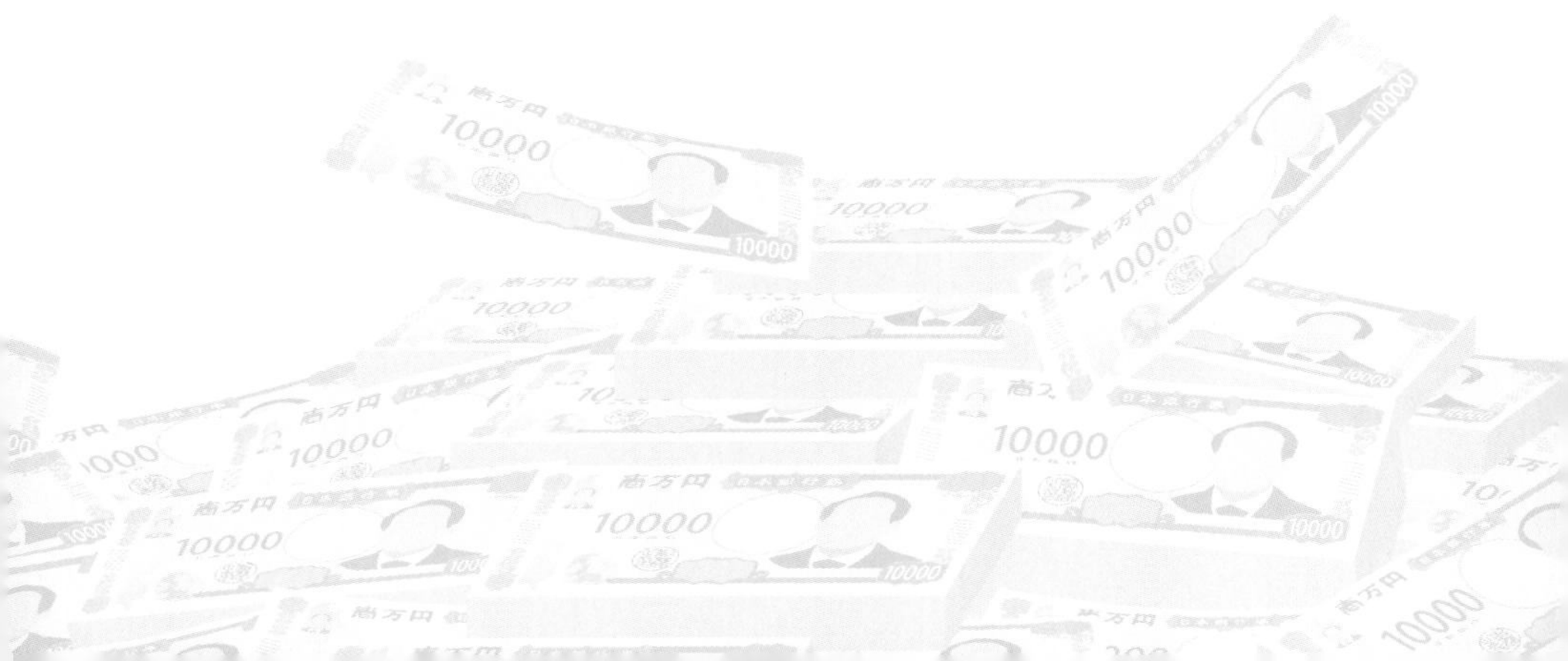

懲りずに繰り返した「一点集中投資」

バリュー株崩落、日本株は長期低迷へ

バリュー株が総崩れしたのは２００６年10月だった。

保有する株は、軒並み損切りを迫られた。損切り額の合計は４７５万円。損切りしなければ、どこまでも下がっていく感覚だった。日経平均は上がっているのに、小型株がほとんどであるバリュー株は売られる一方。不思議な感覚だった。

株の世界では「高値覚え」という言葉がある。前につけた高い値段を基準にして売買の判断をして、うまく取引できなくなってしまう意味なのだが、これにハマってしまった。一度損切りした株も、05年の高値を覚えているために、バリュー株崩落後の株価を見ると「なんて安いんだ」と思って、損切りした株を再度買う。そんなことを何度も繰り返した。

バリュー株は下がればさらにバリューになる。お得度が増すのだから、前よりもっと欲しくなる→つい買ってしまう→さらに下げる、この悪循環だ。

だが、下げ続けるバリュー株は、もはやバリューではなく、ただのボロ株でしかない。

05年の成功体験から抜け切れずドロ沼にハマっていった。

第２章で紹介した消費者金融シンキのカードが利用停止になったのは、翌07年だった。いつ

ものように「シンキ大車輪」を回転させようと、カードを入れたのだが、吸い込まれたまま戻ってこなかったのだ。度重なる大車輪で返済実績を積み上げ、100万円まで拡大していた融資枠はゼロになっていた。

返済が遅延したことは一度もない。他社での申込件数が増えていたわけでもない。第二のメインバンクとして重宝していたので痛手ではあったが、一方で、理由を冷静に考えてもいた。おそらく、法改正によりグレーゾーン金利が撤廃されたので、新規顧客だけでなく既存顧客の選別も進めたのが理由のひとつだろう。1週間以内で返済し、1円の金利も落とさない私はシンキにとっては〝金喰い虫〟でしかない。だが、理由はそれだけではないだろう。不景気の足音が迫っているのを感じた。アメリカではサブプライムローン問題が騒がれ始めていた。

もうひとつ、不景気の影を感じさせたのは、いつものように「仕事から」だった。

30年間もつき合いがあった首都圏近郊の自動車ディーラーから、仕事の大幅な削減を申し渡されたのだ。月2回だった床面の清掃は月1回に、週1回行っていたトイレ清掃は「社員が行うから」ゼロに、月1回だったガラス清掃は隔月に、となった。

自動車販売は景気の先行指標と言われ、株式相場との関係も深い。そんな自動車業界が深刻な打撃を受けているなら、「08年以降、不況が深刻化する可能性はかなり高い」、そう確信した。

では、不況に強い銘柄は何か。

12月に発売された会社四季報を見て銘柄を探した。消費者金融やディスカウントスーパーも良さそうに思えたが、よりアグレッシブに不況で稼げそうに感じたのが債権回収だった。そこで目に留《と》まったのが債権回収代行のJPN債権回収（その後、持株会社化しJPNホールディングスとなった）だ。理由は次の3つだった。

・クレディセゾンの子会社で資本が安定
・増益率30％を超える成長性
・債務者を電話や人海戦術で追いかける泥臭さ

こうした本業部分での魅力に加え、売上的には数％に過ぎなかったものの地方公共団体から業務を受託していたことが「ネタ」として、将来性を感じさせた。こうしたネタがある銘柄は、時に噴き上げることがあるからだ。

バリュー株崩落による損を取り戻さねばと焦っていた。それから半年、この銘柄をひたすら買い増していった。

現物だけでなく信用取引も駆使して買っていった。いわゆる「信用2階建て」だ。現物で買ったJPN債権回収の株を担保にして、信用取引で同じ株を買っていく方法である。もしもJPN債権回収の株価が下がれば、担保価値も下落するから信用維持率は加速度的に低下する。非常にリスクの高い張り方だ。

ポートフォリオの半分以上はこの銘柄になっていた。分散投資というアイデアはもう放棄していた。不況なのにまんべんなく分散投資しても仕方ない、「一点突破」で儲けるしかない――そう考えていた。

ＪＰＮ債権回収と心中するつもりだった。狂っていたとしか思えない。

証券会社からは「資産の50％以上をＪＰＮ債権回収に投じているので危ないですよ」といった警告が何度もきたが、そのたびに少しだけ株数を減らしてかわしていた。狂気じみている。

ＪＰＮ債権回収と心中する日

ＪＰＮ債権回収の買付単価は平均20万８０００円で１００株以上建てていた。信用分66株、現物44株。金額に換算すれば２２８８万円くらいになる。

しかし、私がいくら買っても株価は19万～20万円台で横ばい、21万円台に乗ると、どこからともなく売り物が出てきて株価が下がる。そうすると19万円台で弱めの買いが出てくる。１カ月程度の株の値動きを測る尺度である「25日移動平均線」を超えることができずにジリジリした不安な状態が２カ月ほど続いていた。

そして運命の日がやってくる。08年６月、心中覚悟で資産の半分以上を投じたＪＰＮ債権回収の四半期決算が発表されたのだ。

プラス10％くらいの増益にはなるだろうと読んでいたが、発表されたのは50％減益だった。

翌日はもちろんストップ安。売り物が買いの100倍あった。売買価格を指定しない「成《なり》行《ゆき》」で110株の売り注文を出していたが、売れたのはストップ安比例配分での1株だけ。110株のうちの1株が売れたところで、雀の涙にもならない。ミジンコの涙だ。

2日連続のストップ安なら12万円弱、3日連続なら9万円弱になる。そこまで覚悟して、持っていた株を処分していった。

週末を挟んで、やっと値段が寄り付いた。14万6000円。保有していたJPN債権回収の株はすべて処分できた。725万円の損失だ。ピーク時に5000万円を超えた資産は3000万円を割っていた。

銘柄の選択ミスは仕方がない。それ以上にリスク管理のミスだった。

ブログの更新は2週間途絶えた。売買記録の更新も半年くらいできなかった。いつもは喜んで読む投資本や経済本は見たくもなかった。

唯一の慰めとなったのは、その後のJPN債権回収の値動きだ。リバウンド（反転）もないまま下げ続け、18営業日後には10万円を割っていた。「14万円台で損切りしなければ1000万円以上の損失になっていた」と思えば、まだ立ち上がることができた。

ここで活きたのはサラリーマン時代の挫折だ。突然の失踪で周囲に迷惑をかけ、父親と旅行したあの日。落ちたときこそ、人と会わなければと学んでいた。

不幸なことが起きたとき、家にこもっていれば、後ろ向きなことばかり考えてしまう。とにかく外に出なければと自分に言い聞かせた。大儲けした話をしてもイヤミにしかならないが、大損した話ならばみんな笑って聞いてくれる。

癒《い》やしてくれたのは、投資家仲間であり友だった。

再び「一点突破」

市場では10月にリーマンショックが起きていた。1週間のうち2回の暴落があり、合計24％の暴落となった。おそらく、一生に一度あるかどうかの暴落だろう。

だが、自分にとっては6月の時点でもうすでに〝JPNショック〟が起きていた。話は前後するが、JPNショックの直後、猿並みの反省はして、下げ相場に強いディフェンシブ銘柄を買い込んでいった。ニトリホールディングス、フジッコ、武田薬品工業、ファーストリテイリングなどなど。

しかし、やはり反省の程度は猿並みで再び1銘柄に資産の半分を投じていった。魅了されたのは大黒天物産というディスカウントスーパー銘柄だった。不況に強い銘柄を探したとき、JPN債権回収とともに候補に上《のぼ》った銘柄だった。

関西以西に集中出店している典型的なオーナー企業で、「強烈なオーナーのリーダーシップ」「徹底したローコストオペレーション」「地域を知り尽くしたドミナント出店」が魅力に映った。ましてや景気が悪化すれば、消費者は1円でも安いスーパーを探す。この店は圧倒的な安さで消費者を引きつけており、月次の報告を見ても売上・客単価ともに伸びていた。月単位（月次）で売上を発表してくれる小売銘柄は予測が立てやすい。

ＪＰＮ債権回収ではなくこちらを全力買いすべきだったと後悔しても後の祭りなのだが、遅ればせながら大黒天物産に資産を傾けていった。

しばらくはもみ合いが続いたもののリーマンショックを挟んだ11月、もみ合いを上抜けたときには、ホッとしたものだ。買い始めたのが5月、５００円台だった。もみ合いを抜けたときには１３００円台だった。

ＪＰＮ債権回収と同じように「一点突破」を狙い、今度は成功したわけだ。ＪＰＮ債権回収では信用2階建てを使ったが、大黒天物産ではほぼ現物のみに留《とど》めたのが、反省といえば反省だった。

結局、ＪＰＮショックとリーマンショックに翻弄《ほんろう》された08年の収支はマイナス22％で終えることができた。資産は２９９２万円、後わずかで３０００万円台に復帰できるところまできていた。

運用資産が小さいうちは、こういった集中投資をしたほうが大きく殖やせる。もちろんＪＰＮ債権回収のように大きく減らすこともあるが、元手が小さければショックも少ない。資産が殖えたら、一般的には「禁じ手」の方法かもしれないが……。

市場低迷を示した4つのニュース

リーマンショック後、株式市場は一気に冷え込んだ。それを示す兆候はあちこちに見られたが、目を引いたのはこんな４つのニュースだった。

①創業94年、茅場町駅構内にあった株式専門書店の千代田書店が09年２月に閉店（現在は外商専門書店として再開）
②１９８５年に創刊したマネー専門誌『マネージャパン』が２００９年4月に休刊
③ブルームバーグの日本語放送が09年４月末で放送終了、日本支社は解散
④ヘッジファンド・クルークが09年３月末でニュース配信を終了（現在は再開）

マーケットで叩きのめされ、撤退を迫られた人があまりにも多く、ニーズが激減したのだろう。とてもじゃないが市況関連の情報にお金を払えないし、こうしたメディアに広告を出そうという企業も激減していたのだと思う。

『￥ｅｎＳＰＡ！』（扶桑社）というマネー雑誌があるが、この特集が世相を見るのに適して

いた。当初は株の情報がボリュームの大半を占めていたが、09年に発売された号では１６０ページ中、日本株の記事は恐ろしいことに5ページしかなかった。大半はＦＸや新興国株だった。個人的に残念だったのは①の千代田書店の閉店だ。ここで手に入らなければあきらめる、と思っていたほどの品揃えだったのだが、アマゾンなどインターネットが普及した影響も大きかったのだろう。

その後、『オール投資』（東洋経済新報社）という雑誌が12年10月に休刊となった。リーマンショック後の痛手にも耐えていたが、ついにこらえ切れなくなったのだろう。後２カ月持ちこたえられれば、市場は反騰《はんとう》したのだが。

リーマンショックの余韻が残っていた09年、大黒天物産が月次売上発表を中止した。小売業は月次の資料の開示が行われなければ、予測は立てにくくなる。処分することになった。代わりに買ったのはベタな大型株だった。シチズン、シャープ、帝人、グンゼ、島津製作所、パナソニック――。バリュー株崩落以来、何を買っていいかわからなくなっていた。

「配当」「割安」の原点に立ち返る

しかし、冷静に指標を見ると、当時の日本株には割安な銘柄がゴロゴロしていた。配当利回りが４％を超える銘柄はザラだったし、ＰＢＲが０・６倍以下の超割安株もたくさんあった。

PBRとは

PBR（株価純資産倍率）＝株価÷1株当たり純資産（BPS）

»www9945's comment

PBR1倍というのは、時価総額と会社の純資産がイコールである状態。1倍を割ると、会社が解散したときのほうが、時価総額よりも高くなり、投資家にとっては「お得」になると言えます。PBRが低ければ低いほど「株価は割安（バリュー）である」と言われ、その株は資産バリュー株と称されます。ちなみに1株当たりの純資産（BPS）は「純資産÷発行済み株式数」で求められます。

そこで思い出したのが株を始めたときの初心だった。「１億円貯めて配当金や利息で暮らして退職したい」

５％の配当利回りだとしても年５００万円にしかならないから、実際には１億円では足りないが、石を投げれば高配当利回り銘柄、超割安銘柄に当たるような時勢だったため、少しずつ、そうした銘柄を買い集めるようになっていた。

前ページの図は当時、妹のために90万円以内で組んだ株主優待+配当狙い用の

総合利回り（%）	配当（円）	優待（円）	優待内容
6.1	2,000	3,000	ゆうパックのグルメギフトカード
17.4	1,080	6,000	（優待券500円×6枚）×年2回
5.9	540	1,000	クオカード
7.6	1,170	1,000	自社製品（手提げバッグ）
7.2	990	1,000	クオカード
4.2	1,080	2,000	自社製品（おつまみ詰め合せ）
5.0	1,500	1,000	自社製品5セットから1セット選択（カー用品）
5.7	1,350	3,000	4品から選択で1品
5.5	900	500	たまごギフト券「100円×5枚」
4.0	2,700	1,000	クオカード
5.9	3,240	3,000	クオカード1,000円＋図書カード2,000円
8.4	1,260	3,000	クオカード
20.9	1,440	7,000	ヘルスケア商品7,000円分
10.3	1,800	6,000	食事券
8.5	2,700	4,000	自社化粧品、コンパクトなど
4.8	910	0	優待なし
7.5（平均）	24,660	42,500	

＊配当は、手取りの配当です。
＊優待金額は、商品を換算したもの。
＊ゼンショーの優待が使えるお店
「すき家」、「ココス」、「宝島」、「エルトリート」、「牛庵」、「いちばん」、「ビッグボーイ」、「ヴィクトリアステーション」、「久兵衛屋」、「なか卯」、「はま寿司」、「ジョリーパスタ」、「フラカッソ」、「華屋与兵衛」
＊ソフト99は、洗車用洗剤など。
＊DCMジャパンの優待
次の4品から1品選択。1、北海道ジャガイモ10キロ　2、愛知老舗秘伝の味ウィンナーセット　3、北海道、愛知、愛媛「お国自慢カレーセット」　4、愛媛産「ハウスみかん」。
＊太陽化学の優待は、コエンザイムなどのサプリメントなど7,000円分。
＊吉野家の優待は、無料券300円×10枚×年2回分＝6,000円分。

投資金額90万円以内で組んだポートフォリオ

●妹のために組んだポートフォリオ（当時）

年月日	銘柄	銘柄コード	買付単価（円）	株数（株）	投資金額（円）
2008/9/30	日本金銭機械	6418	826	100	82,600
	ゼンショー	7550	406	100	40,600
	大阪証券金融	8512	259	100	25,900
	東京デリカ	9990	285	100	28,500
2008/10/1	きょくとう	2300	276	100	27,600
	なとり	2922	725	100	72,500
	ソフト 99	4464	503	100	50,300
2008/10/3	DCM ジャパン	3050	766	100	76,600
	イフジ産業	2924	255	100	25,500
	シモジマ	7482	935	100	93,500
2008/10/6	小松ウォール	7949	1,050	100	105,000
	ＪＳＰ	7942	509	100	50,900
2008/10/8	太陽化学	2902	403	100	40,300
2008/10/16	吉野家ＨＤ	9861	76,000	1	76,000
	ノエビア	4916	785	100	78,500
	スパークスＧ	8739	19,040	1	19,040
合計					893,340

残金	6,660 円

»www9945's comment

総合利回りは、平均7.5%と異常に高くなりました。当初は4.5%を目標にしていましたが、リーマンショックの暴落で跳ね上がりました。使いやすい金券中心でも5%以上が多い構成に。２～３年後には、大変貴重な財産になったと思っています。

ポートフォリオだ。

総合利回りは平均7・5％と異常に高い。さらに株主優待にも着目した。ただ、私は株主優待のみに着目することはない。また「投資しながらディズニーランドに行きたいの♪」といった期待もない。極力、現金に近いもの、QUOカード（コンビニや大手小売店で使える全国共通商品券）やおこめ券など、換金性の高いものを極力狙っていった。優待内容を現金に換算した「優待利回り」重視の優待狙いだ。

配当利回りが4％を超える配当狙い銘柄、配当利回りと優待利回りを足して5％を超えるような銘柄を最低単位ずつ、買い始めていった。最低単位だけを買っていったのは、ひとつは小型の銘柄が多かったこともあるが、もうひとつの理由もある。

通常ならば資金の多い大口投資家が有利にできている金融の世界だが、優待の世界は貧しい者に優しいからだ。だからこそ株主優待の還元率は最低単位が一番高い。1000株以上の保有でおこめ券5キロ分がもらえるとしたら、2000株を持つよりも1000株だけを持つことで優待利回りは2倍になる。

1000株以上、3000株以上、1万株以上といった感じで、大株主になると優待内容が向上する場合もあるが、値下がりのリスクも考えれば1000株保有がもっとも効率がいい。

PBRに着目する資産バリュー投資も楽だった。リーマンショック後、世界経済は急速に冷え込んだが、そんな世相では世間は決算には一切期待しない。少々の減益は織り込み済みだ。一方で、たとえ5％でも10％でも増益となれば人気銘柄となる。

そもそもが決算を意識しないで資産の増減だけを見ていればよかったし、資産は利益ほど大きくブレることもない。

資産バリュー株に高配当利回り銘柄、それに優待＋配当利回り銘柄を少しずつ買い集めていった。09年頃のポートフォリオは40銘柄くらいだったと思う。10年も同じような発想で取引し、100銘柄近いポートフォリオになってきた。

それだけの銘柄数になると、中には動意づいてくる銘柄もある。動きのいい銘柄は信用取引で短期売買予定のポジションを増やし、高騰が一服したところで決済する。そんなやり方がだんだんと確立されてきた。

祖母からの「3倍返し」でもらった銘柄

この頃に出会った銘柄で思い出深いのが日本光電だ。

10年、祖母が入院した。第1章で書いた、私が掃除夫となるきっかけを与えてくれ、いちおうはまっとうな社会人の道へと引き戻してくれた、あの祖母だ。

いつも他人の世話ばかり考えている祖母だった。贈り物をもらえば、3倍にして返すような人だから、葬式代の蓄えがあるかどうかも怪しい。

「でもお墓だけは大丈夫よ。あの石材屋なら安くしてくれるから」

そんなことを言っていたのは、石材屋にも3倍にして返していたからかもしれない。祖母が「3倍返し」にこだわったのは、「戦時中は3倍どころか、まったくお返しができない時期もあったから、今、埋め合わせているの」ということだった。

そんな祖母が弱気なことばかり言うようになっていた。

病床の祖母は腕に血管が浮き出るほどにやせ細っていた。手のひらを見せながら「指と指の間がこんなに隙間が空《あ》いてしまった、やせたんだね」と笑う、その顔に力はなかった。

お見舞いの帰り、「身体に気をつけてね。食べ物に気をつけてね」と握る手の握力はだんだんと弱まっていった。握力は弱まっているのに、手のひらを通して伝わる「あんた、カブだか大根だかわかんないけどがんばんなよ、仕事もね」という気持ちは強まっていた。

最後にはもごもごと言葉もはっきりしないようになり、『ふるさと』や『どんぐりころころ』を口ずさんでいた。見舞いに来た孫を楽しませようとする、3倍返しのつもりだったのかもしれない。

そんな祖母の病室で幾度となく目にしたのが、生体情報モニターだった。脳波や心拍数などの状態を伝える機械だ。祖母が眠りについている間の手持ちぶさたになり、何気なく見ているうちに「日本光電」という名前を覚えた。

見舞いからの帰り道、「高額な機械だろうし、病院に一度納入すればメンテナンスで定期的に稼げるんだろうな」と考えていた。

この会社のことを思い出したのは2年後、欧州危機で揺れる12年のことだった。アベノミクス以前であり、市場はまだ低迷していたが、医療機器関連は堅調だった。どこを手掛けようかというとき、日本光電が目についた。

「あの会社か！」

経常利益は毎年2ケタ成長、ＰＥＲは10倍台前半、割安かつ安定成長な安心して買える株だった。夏場以降に証券会社などの市況関連株へと移行するまで、この株で１００万円ほど稼がせてもらった。

祖母からの最後の「3倍返し」だったのかもしれない。3倍も何も祖母からは最期までもらってばかりだった。

暴落相場でやるべきこと

東日本大震災からの急落対応

11年3月11日の東日本大震災。起きたのは金曜日の相場がもうすぐ終わろうかという大引け間際だった。この日の日経平均株価は1万298円から1万254円とほぼ動いていない。翌月曜日は寄り付きに大きく窓を開けて1万44円、終値は9620円。火曜日は9441円から8605円。一時は8227円をつけた。日経225先物は一時7800円台まで落ちている。

株式市場で見た震災パニックの特徴は震災後の月曜日、火曜日の2日間で1万円からザラ場8227円と20％近くも暴落した点だ。

金曜日はまだしも、せめて月曜日に逃げられなかったのか。なぜ火曜日にも多くの人が投げ売ったのか。多くの投資家同様、私も月曜日には逃げられなかった。

震災当日の11日、たまたま代休を取っており、自宅で株価を見ていた。

運命の14時46分18秒。積んであるペットボトルの入ったダンボールが落ちてきた。それが植木鉢に当たり一面が水浸しになる。溜まっていたはずの風呂桶の水は半分以上が外へあふれていた。とてもチャートを見られる状況ではなく、倒れた植木鉢を起こし、本棚の倒壊を防いで

「窓開け」は急騰or急落のサイン

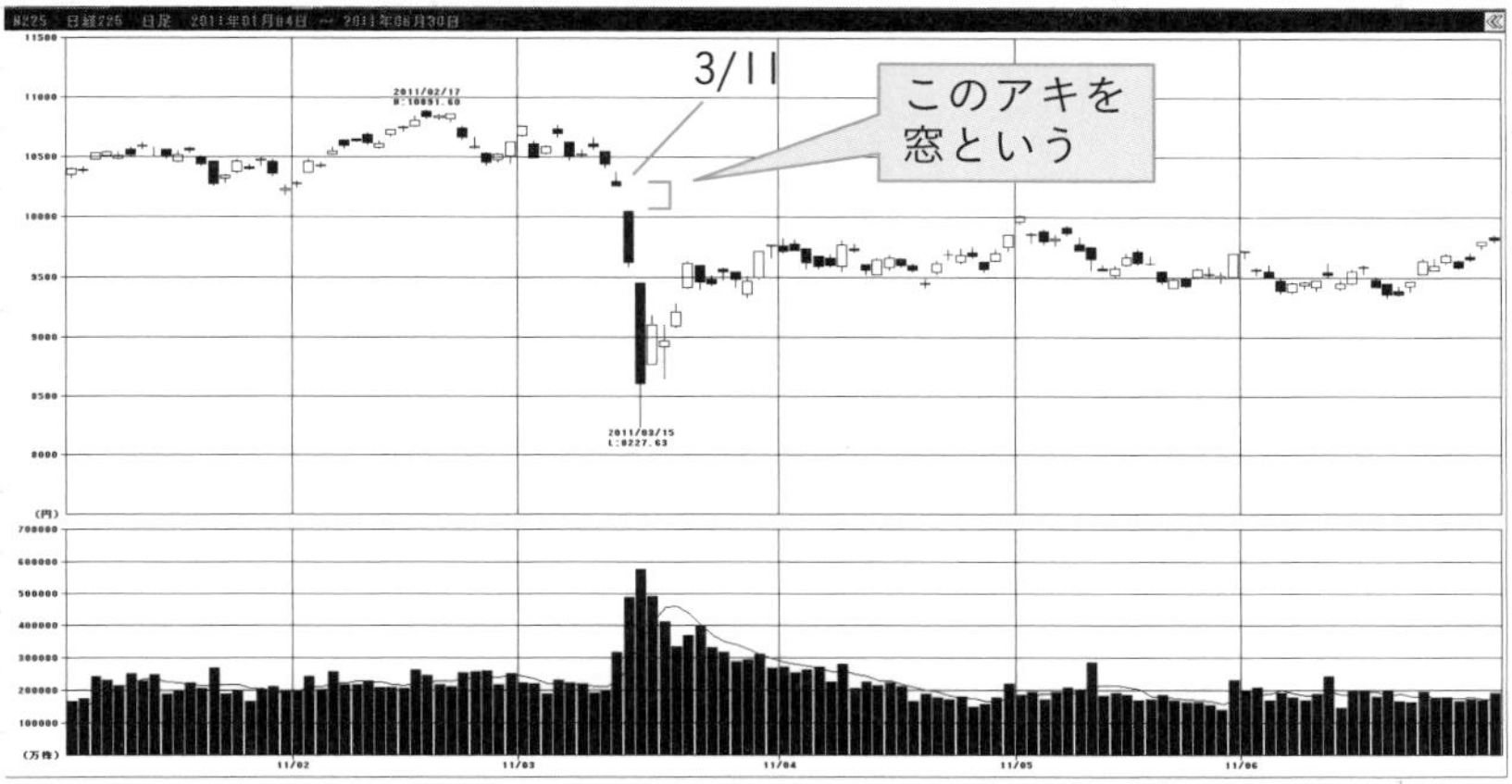

>> www9945's comment

「窓開け」とはチャート上で連続しているローソク足の間にできた大きな空白のことで、株価が大きく動き出すサイン。出来高も大きくなっていれば、確実なしるしです。

歴史的な暴落

●サブプライムショック * では短期間に大暴落が 4 回訪れる

順位	年月日	日経平均終値(円)	下落率(%)	主な暴落要因
1	1987/10/20	21,910.08	-14.9	ブラックマンデー
2	2008/10/16	8,458.45	-11.4	サブプライムショック *
3	2011/3/15	8,605.15	-10.6	東日本大震災(原発放射能漏れ)
4	1953/3/5	340.41	-10	スターリン暴落
5	2008/10/10	8,276.43	-9.6	サブプライムショック *
6	2008/10/24	7,649.08	-9.6	サブプライムショック *
7	2008/10/8	9,203.32	-9.4	サブプライムショック *
8	1970/4/30	2,114.32	-8.7	スイス IOS ショック
9	1971/8/16	2,530.48	-7.7	ニクソンショック
10	2013/5/23	14,483.98	-7.3	アルゴリズム取引の作用?

●東日本大震災では歴史的な割安指標が続出

日経平均:予想ＰＥＲ 10.6 倍(1971 年以来の低水準)
25 日乖離率 27.4%(戦後最大)
200 日移動平均線下方乖離率(戦後最大)
時価総額 272 兆円(2003 年 6 月以来の低さ)
ＰＢＲ 0.93 倍(2000 年からの連結決算以来最低)
予想配当利回り 2.75%(1974 年 10 月以来の低さ)
25 日騰落レシオ 54.4%(2008 年 1 月以来の低さ)

>> www9945's comment

3.11後日経平均株価は1週間に2回の暴落を含み、計24.3%下落。一生に一度か二度あるかないかという状態だった。上表のように乖離率などのテクニカル指標は、見たこともない数字に。PER、PBR、配当利回りなどの指標も戦後初めてか30数年前の水準となった。

いるうちに大引けになっていた。

翌12日、この日は土曜日だったので、市場はもちろん開いていない。携帯電話が鳴り、祖父が逝ったとの一報が入った。茨城県も震度6を記録したのだが、祖父の死因は地震とは関係のない老衰だった。数え年で100歳の大往生だ。実家のある茨城県・土浦を目指した。

目指したはいいものの、交通は寸断されていた。茨城県の最南端である取手までしか行けない。取手から土浦まではまだ30キロ以上ある。仕方がないので、この日は引き返した。翌日も状況は似たようなものだった。この日はルートを変え、つくば駅からバスを乗り継いで実家を目指したが、バスに乗ると国道は大渋滞だった。倒壊した家屋などを横目に、どうにかたどり着くことができた。

14日の月曜日、火葬場には自分たち以外、誰もいなかった。

携帯電話は生きていたが、証券会社のホームページには接続できない。かろうじて株価だけはヤフーファイナンスで確認できたが、「ざっと1000万円以上が吹き飛んでいるな」と確認できただけだった。決済したくとも、市内のインターネットカフェはすべて休業だった。

なぜ月曜日に損切りできなかったのか。

多分、私と同じような状況だった人が多かったからだろう。私などはまだ良いほうで、ライフラインの確保に精一杯だった人も多かったはずだ。

もしも取引が可能な環境であっても、ストップ安に張りついた状況を見れば、恐れをなして、「明日になれば」とあらぬ期待を持ってしまった人もいたと思う。実際に火曜日になってみると、今度は原子力発電所の問題が噴出し、さらに状況は悪化した。

私はというと、火曜日の15日、会社があるはずなので東京へ戻ろうとしたが、計画停電のため、つくば駅で足止めを食らった。仕方なく、インターネットカフェを探し、やっと見つけた店で13時20分、メインの証券口座へ金曜日以来、4日ぶりに接続することができた。こんなに口座を見なかったことはない。

ただし、店は15時で閉めるという。慌てて口座の状況を確認し、対応する。

口座の維持率は100%を割っていた。

維持率とは信用取引の安全性を示す比率だ。大ざっぱにいえば、信用で建てたポジションの総額（建玉）と、差し入れている担保証券現金との比率だ。これが100%を割っていれば、担保よりも建玉のほうが大きいということだから、いわば「債務超過」で相当危ない。

個別の株価を見ると、保有額の大きい10銘柄は軒並みストップ安かそれに近い状態だった。ただストップ安売り気配の銘柄ばかりではなかった。ストップ安の価格で値がついているか、あるいはストップ安の1～2円ほど上で注文が成立している銘柄もある。

こうした状況を見るとストップ安ラッシュは終わりに近そうで、「原発問題は株価にほぼ織り込まれようとしており、底値は近い」と感じたが、維持率が100％を割っている状態では、おいそれとは新たな株を買えない。15時の閉店時間を気にしながらも、超低位株のＴＹＯ（上場廃止）や配当利回り狙いで買っていたソントン商品（上場廃止）、復興関連で値持ちのよかった三協フロンテアを決済し、まず現金を作った。

代わりに買ったのは澤田ホールディングス（現・ＨＳホールディングス）だ。ストップ安水準の手前で注文が成立しており、底打ちは近そうに思えた。それにポートフォリオでもっとも比率の大きな銘柄でかつ含み益があったため、この銘柄なら多少の下落には持ちこたえられたからだ。チャート的にも他の銘柄が軒並み長期移動平均線を割り込んでいるのに対して、ここは13週の中期移動平均線でどうにか持ちこたえていた。

そもそもはと言えば、澤田ホールディングスがモンゴルに進出していたことから、当時の新興国ブームの中でこの辺りが物色されるのではとの予感から買った株だった。

やることはやったが、気だるさがきつく残った。

16日の水曜日になると、信用取引で耐え切れなかった個人投資家による追証《おいしょう》の投げと思われる小型株の売りが大量に出ていた。この日も澤田ホールディングスを信用取引で買っていった。

17日は朝方に協調介入が入り1ドル76円から81円へ。この日も小型株はひどいことになっていたが、一方で一部の震災特需が期待された銘柄は堅調だった。高齢者向けの賃貸住宅を扱うメッセージ（上場廃止）を買い増した。この暴落でもほとんど下げていなかった。

18日の金曜日、全面高となり、やっと一息つけた。震災直前の金曜日にプラス20％だった自分の年初来パフォーマンスは火曜日にマイナス16％となっていた。わずか2営業日で36％も落ちたことになる。それが金曜日には2・5％とわずかだがプラスとなり、やっと水上に顔を出すことができた。

このときに学んだことをまとめると、次のようなことだろう。

・信用取引では破産もあり得る。維持率を守るため①入金、②信用で建てた銘柄を売る、③現物を売る、を徹底する

・値が大きく下がって損切りラインを超えていたら、寄り付きに成行で売る。値がつかず維持率がさらに低下することは避けなければならない

・急落中に信用で新規に買い建てるのは自殺行為。損切りし、維持率を戻してから、改めて買うかどうかを検討する

・パニックの渦中では極力信用は使わない。現物であれば下がってもしょせん評価損でしかない

・パニックの終了を慎重に確認したら信用で買っていく。一度損切りした銘柄でも割安感が強まっているのなら再度買う

パニック時の信用取引銘柄の推移

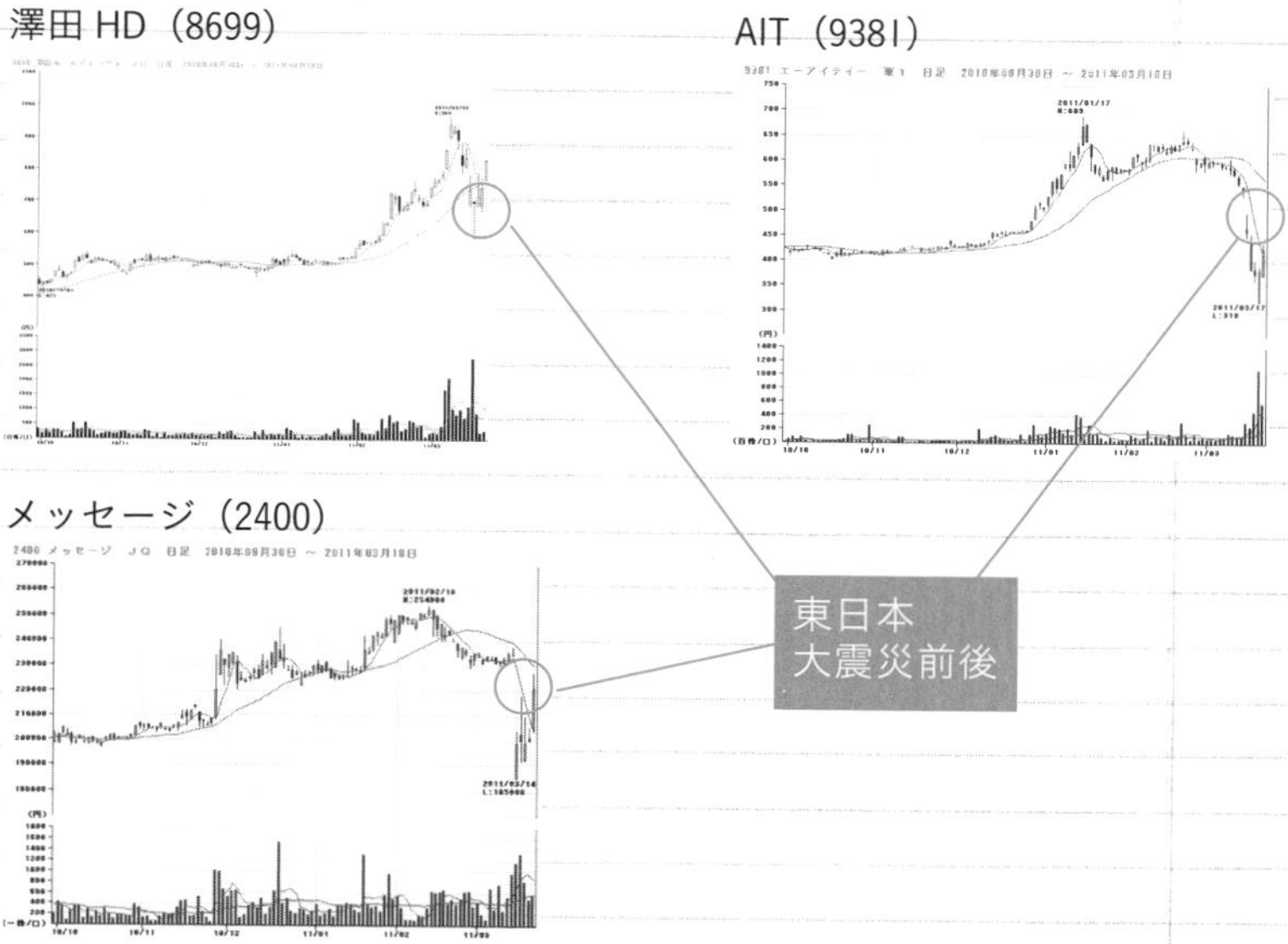

自分の資産と年初来パフォーマンス、信用維持率の推移

月日	曜日	総資産（万円）	パフォーマンス（%）	信用維持率（%）
3月11日	金	6482	20	112
3月14日	月	5482	5	96
3月15日	火	4568	-15.8	82
3月16日	水	4835	-11	90
3月17日	木	4936	-9	96
3月18日	金	5570	2.5	105

震災後2営業日で約-36%となり、新記録。

>> www9945's comment

信用取引は現物取引と違って危険。もし急落時に売れなければ死ぬ覚悟で損切りすること。追証は絶対避けなければならない。

最後の項目は、ＡＩＴという銘柄で実際に私がやったことだ。

17日の木曜日、寄り付きで1万株を投げ売りした。11日の金曜日と比べて40％以上の大暴落だったが、維持率を守るために仕方がなかった。６３７円で投げたのだが、配当利回りは５・５％、ＰＥＲは５・５倍と非常に割安な水準であり、株価も６７０円台まで戻してきたので、同じ日のうちに買い戻した。

損切りした株を同じ日に、損切りした価格よりも高値で買い戻すのは精神的には厳しいことだが、やらないといけない場面もある。

ちなみにこの銘柄は震災前週には22万株の信用買残があったが、翌週には7万株へと激減している。この傾向はどの株も同じようなもので、震災直後の投げ売りの凄《すさ》まじさを物語っていると思う。

割安銘柄を探して海外へ

震災が落ち着いてくると、今度は外国株へと物色の手を伸ばし始めた。それまでもアメリカやイギリス、スイスの株は買っていたが、新たに手をつけ始めたのはアジアだ。

理由のひとつは当時、戦後最高値となる1ドル75円台をつけるなど超円高だったこと。円が強ければ海外の資産は割安感が強まる。当時の日本銀行総裁は白川方明《まさあき》さんだった。総裁が代われれば円高は一服するのではとの予感があった。白川総裁の任期は、辞任しなければ13年3月までだったので、それまでに外貨建て資産の比率を増やしておきたかった。

もうひとつは日本の証券会社の取扱いが拡充し、世界の割安な証券を買いやすくなったことだ。とくに目を引いたのがシンガポールのREIT（不動産投資信託）だった。将来の配当金生活へ向けて、配当利回りを重視したポートフォリオを組んでいたから、シンガポールREITは宝の山に見えた。利回り8％、9％といった銘柄がゴロゴロ転がっていたのだ。

シンガポールの格付けは最上級で、シンガポールドルの為替レートは米ドルにほぼ連動しており、新興国通貨にありがちな為替リスクも極めて少ない。それに国土が非常に狭いため、不動産需要が根強いのも安心感があった。

さらに課税面でも大きなメリットがある。通常だと海外の株やREITでは現地で課税され、日本でも課税される「二重課税」で、表面利回りほどの魅力が感じられないことがほとんどなのだが、シンガポールREITの場合、現地での課税が免除される。このメリットは大きい。

さらに香港にも面白い銘柄があった。変わり種としてはパチンコホール運営の日本最大手であるダイナムジャパンHDが上場しているし、空港、道路などのインフラ関連や香港の発券銀行のひとつである中国銀行など、業績が安定していても割安な銘柄がある。恐る恐る10万円、20万円といった単位ではあるが、少しずつ買っていった。

その他タイやベトナムにも手を伸ばし、インフラ関連を中心に買っていった。ベトナムには配当利回り30％といった日本では考えられない銘柄があった。

アメリカやイギリスなどの先進国から香港、タイ、ベトナムなど新興国株、それにシンガポールＲＥＩＴなど、海外株の比率は25％くらいまで高まっていった。

資産は1億7000万円へ

こうしたポートフォリオが一気に実を結んだのは12年の11月だ。野田佳彦《よしひこ》首相が衆議院解散を明言して10日もしないうちに資産は億を超えた。

当時はまだアベノミクス前で全体が上がる相場ではなかったが、集中投資していた銘柄が上がってくれたのだ。

アベノミクスが騒がれるようになると、相場全体が上昇し、最低単位ずつ１００銘柄以上に分散している配当＆優待狙いの銘柄も値上がりし、また1ドル70円台から１００円へと円安も急速に進んだため、外貨建て資産も以前から塩漬けにしているベトナムの1銘柄を除き、すべてが含み益となった。２０１３年4月時点で1億７０００万円ほどになった。

資産が億を超えたといっても、配当利回りは日本株が３・５％弱、外国株が６％程度だから、最初の目標である配当金生活にはまだ足りない。

一方で、株価がこれだけ急騰してしまうと、日本株市場では割安感が薄れてしまうといった問題も感じている。それでも日本にはまだまだ割安な株が残されているのだが、そうした株をどう探すのか、情報の集め方などを次章以降ではまとめていきたい。

第4章

誰でも有望株が見つかる！〝街角ウォッチ〟投資法

お金を殖やす秘訣は道端に転がっている！

街角ウォッチ①ロードサイドにダイヤの原石

この章からは、株式投資に必要な情報をどう集めるのか、銘柄をどう見つけるのか。僭越《せんえつ》ながら、自分の経験からそのコツみたいなものを話してみたい。

株の情報といえば、会社四季報を想像する人が多いと思う。私も実際に活用してはいるし、人並み以上に愛読している自負はある。それだけに、あらかたの銘柄は頭に入っている。

「この株を買ってみようか」と最初のきっかけとなるのは、第1章で紹介したプレナスや3章の日本光電など、自分の目で見て、自分の耳で聞いた情報であることが多い。

まずは「目」。私の場合、妖怪アンテナならぬ「株アンテナ」がビビっと反応する場所が3つある。

①ロードサイド（幹線道路沿い）
②都心の繁華街
③大型ショッピングセンター

①のロードサイドには将来の金の卵が数多く埋もれている。

「かつや」は、1,000円前後の個人店や「和幸」といったお店しかなかったとんかつ業界で、真空地帯である「低価格ゾーン」を埋めた。

アークランドサービスHDが展開するとんかつチェーンの「かつや」や、セルフ型うどん店の「丸亀製麺」、それに今や知らない人はいないほどの存在になった「ドン・キホーテ」も、みんなロードサイド育ちだ。ロードサイドで見知らぬ店があると、目に留《と》まる。

土地の安いロードサイドは出店が容易だし、撤退したときの打撃も小さい。ロードサイドでの競争を勝ち残ったお店は規模を拡大し、イケイケで都心へと進出し、多くはここで拡大ペースが鈍化し、息切れして衰えていく。

だが、都心でも成功する企業は、イケイケだけではない特徴を備えている。「かつや」であれば、高価格帯のお店しかなかったとんかつ業界で、「低価格ゾーン」を打ち出すという特徴があった。「丸亀製麺」はセルフ型でありながら、ついトッピングを追加してしまうし、味や汁でも妥協していない。

「日高屋」（ハイデイ日高）と「幸楽苑」の対比も面白い。低価格な中華料理店であり、同じ業態、同じ強みを持っているように思われた2社は、同じ時期に都心へ出店してきた。

しかし、幸楽苑は都心部ではまったく存在感を示せなかった。外国人店員を積極的に採用し、徹底的にコストにこだわった日高屋との差が都心部で如実に表れたのだ。ちなみに、両社の共通点をもうひとつ挙げれば、ともに味には期待しないほうがいいということだ。

ロードサイドで見知らぬ看板があれば、「ちょっと寄ってみようかな」と思うし、つい携帯電話を取り出し、ヤフーファイナンスの検索窓に会社名を入れ、運営母体が上場していないか、確認する。こんな小さなことからでも有望株は見つかるのだ。

街角ウォッチ②繁華街はヒントの宝庫

都心の繁華街は外食&小売天国だから、世相を読み解くさまざまなヒントが隠されている。よく行くのは自宅から行きやすい東京・池袋だ。

繁華街にはヒントが散らばり放題だから、チェックポイントを具体的に挙げていくよりも実際に自分が見たときにまとめた感想を読んでもらうのが早いだろう。

これはリーマンショック翌年の12月に池袋や新橋、神田などをまとめて訪れた際の感想メモである。
・高級喫茶店はガラガラ／全品２９０円均一の居酒屋は大盛況
・神田駅のガード下で単価１０００円くらいだったとんかつ屋が撤退、「てんや」（低価格天丼チェーン）に店子が変更
・付加価値を売り物にした高めのネットカフェは閑古鳥
・都心部のドン・キホーテは客足が戻っている
・低価格なコーヒーチェーン店で禁煙スペースが拡大
・新橋駅前の中型書店が撤退、渋谷の大手書店も規模縮小
・立ち食い寿司店が目立つ
・コンビニは盛況、電子決済の利用客が目に見えて増えている

中には一時的、局地的な現象もあるのだろうが、まとめると「低価格路線へのシフト」「中小店舗の撤退と大手への集約」「電子化の流れ」といった共通項も見えてこないだろうか。

街角ウォッチの対象として、オススメなのが池袋だ。ここは新陳代謝がとにかく激しい。この間まであった店がいきなり更地になり、次に来たときには新しい店に替わっている。この変遷は時として時代を象徴する。

北口駅前の一等地。１９９０年代には和光証券が入っていたビルは、21世紀になると消費者

金融のＡＴＭに変わった。現在は「おかしのまちおか」（低価格な菓子店）が入っている。証券・不動産の90年代から、給料激減のカード依存時代となった２０００年代、10年代はデフレ下での身の丈消費と、時代の変遷を見事に象徴しているではないか。

特定の街を「定点観測」していると、こうした変化に自然と気がつくようになる。いつもあったはずのお店がなくなっていたら、「ここは前にどんな店だったか」と思い出してみるといい。

「退店する会社／出店する会社」は時に、「売るべき銘柄／買うべき銘柄」ともなる。数年前ならアパレルの退店／携帯ショップの出店が目立った。携帯ショップ関連銘柄としてはアイ・ティー・シーネットワークやＮＥＣモバイリング（いずれも上場廃止）があり、当時は配当利回り５％以上（５％はかなり高い利回り）、ＰＥＲ１ケタ、ＰＢＲ１倍以下と割安になっていた。肌で感じた、あの出店攻勢もあり、携帯ショップ関連銘柄は容易に買えた。

また、このときの池袋探訪からは、ドン・キホーテもポートフォリオに組み入れている。一時の勢いを失ったと思われていたのか、ＰＥＲ10倍台で放置されていたからだ。

ドン・キホーテは出店位置から好調さをうかがうことができる。当初は、郊外中心の出店を進めていた。しかし徐々に、新宿駅から歩いて５分の歌舞伎町へ。そしてこの当時（09年）は東京でも大型駅の部類に入る蒲田駅の目の前に出店していた。デフレという世相にも合致しているし、この店はいつも来店者の「何かないかな」という消費意欲を満たすのがうまい。

11年6月の街角ウォッチメモも紹介してみよう。

・サンドラッグの客足はマツモトキヨシと比べ物にならないくらい多い
・日高屋の勢いはまだ持続している
・ビックカメラは多忙すぎて接客が追いついていない
・サンマルクカフェは意外と来客が多く、ベローチェは立地次第
・スナック菓子はプライベートブランド商品の勢いがすごい。湖池屋（フレンテ傘下）の棚は縮小、サッポロファインフーズ（14年清算結了）の「ポテかるっ」に棚を奪われている
・電車内での読書率がゼロ

この日の観測を受けての売買は、実務書籍を出版していた中央経済社と「蔦屋書店」を展開するトップカルチャーの売却だった。ともにバリュー銘柄だったので、ごく少数だけを残して、大幅に保有株の量を減らした。このときを境に「紙」をメインに扱う銘柄はすべて売り払った。紙の読書率があまりに低いと感じたからだ。中央経済社もトップカルチャーも、09年から13年まで株価はほとんど横ばいだった。

盛況ぶりが目についたサンドラッグは22年連続の増収増益でローコストオペレーションなことでも有名だったので、すでに保有していた。さらに、特徴的な手書きポップや価格面でのマ

ツモトキヨシに対する優位性など、改めて強さを確認し、保有継続への自信を深めることができた。

スナック菓子では、湖池屋の弱さを確認したのだが、湖池屋の親会社であるフレンテの業績は上下に大きくブレやすく、予想が立てにくかったので、とくに売り買いはしていない。

街角ウォッチ③ショッピングセンターで読む世相

ロードサイド、繁華街と並ぶ株アンテナの反応しやすい場所が、大型のショッピングセンターだ。ショッピングセンターは店舗が密集しているので、効率よく世相を知ることができる。

私の場合、毎年決まった日、決まった時間に茨城県那珂《なか》市のスーパー・イオン那珂町店を訪れるようにしている。国道３４９号線に面したこの店は典型的なロードサイド型の大型店舗だ。

わざわざ茨城県まで足を運ぶのは、納豆の営業をしていた頃に担当していたエリアで土地勘があるからだ。

この店を訪れると、いつも決まってチェックするポイントがある。他の小売店を見るときもポイントはほぼ同じだ。

まずは来店客数。これで大まかな景気を把握できる。ただ、曜日や季節により来店客数は大きくブレる。イオン那珂町店を毎年決まった時期・曜日に訪問するのは、季節的な要因によるブレをなるべく減らしたいからだ。

それから「マネキンさん」と呼ばれる、メーカーから派遣された販売員の数。店内を歩いていると、試食品を渡してくれたり、ちょっと違う制服を着ていたりする、あの人たちだ。どんな商品にマネキンさんが多くいるのかを見れば、売れている商品や販促予算が多くついているかが把握できる。

ただ、最近ではマネキンさんを使って特売をするよりも、「エブリディ・ロープライス」で定期的に通ってくれるお客さんを確保しようというお店が多くなった。

手作りポップの数は、社員のやる気や、社内の風通しの良さを示してくれる指標だ。とくにイラストを多用したり、丸文字を使ったものに注目する。手の込んだポップを多数ディスプレイしているようなお店は将来性に期待が持てる。繁華街の街角ウォッチで紹介したサンドラッグもそのひとつだ。

価格や陳列では、目につきやすい位置にあるものが売れ筋、あるいはメーカーがとくに力を入れている商品だ。納豆であれば一番下にレイアウトされた商品は特売なので最低価格をチェックする。それ以外の棚ではメーカーや商品の入れ替えに気をつけている。また、価格表示が電子式のものに変わるようだと、そのお店が人件費を抑えてコストを削減しようとしていることの指標だったりもする。

これはこれまでの仕事柄もあるが、床面の清掃にポリッシャーをどの程度の頻度でかけているかを見ると、その会社の景気の良し悪しがわかったりもする。ポリッシャーを使って清掃しているかどうかの判断は、一般の人には難しいとは思うが……。

また、制服がきちんと統一されているかは、会社全体のサービス精神が示されるし、マイナーな商品、高級品などの品揃えの豊富さを見れば、その店、その店舗の客筋がわかることがある。

細かいようだが、こうしたポイントに気をつけて店舗を見ると、その店の将来性が予測できるようになってくる。せっかく買い物に行くなら、少しだけ広めに目を配るといい。

ショッピングセンターは効率よくリサーチできる街角ウォッチの好適ポイントなので、近場にあるショッピングセンターにもよく足を運ぶ。

見るべきポイントは基本的に同じだ。来客数は床を見ると、おおよその見当がつく。プラスチック床タイルが茶色く薄汚れ、傷やヒールマーク（床についたゴムの跡）がたくさんついていれば、来客数が多い証拠だ。

同じショッピングセンター内でも、床の汚れ具合は店舗やコーナーによって大きく違う。店舗ごとに床を見るといい。11年当時だと携帯ショップがよく汚れていた。繁華街で感じたのと同じ空気があったのだが、それでもポートフォリオの主力にすることはできなかった。自分の中にＩＴ銘柄への警戒心が根強いからだ。

また、あるときにインテリア雑貨などを扱うパスポート（上場廃止）の店舗を訪れてみると、隣接していた非上場の雑貨店に比べ、客入りが良くなかった。携帯電話からパスポートの既存店売上を見ると、90％ほどに落ち込んでいた。株価も冴えない。目で見たことが数字でも示されていたわけだ。

現場と数字は往々にして一致する。

株価は経済の鏡と言われるが、こうして実際に店舗をリサーチしていると、商品だけではなく、店舗にも値札がついているような感覚に襲われる。それを小口で買うのが株だ。自分の目で見て判断したものが株価上昇という形で報われたときは、この上なく嬉しいものなのだ。

仕事をきっかけに発見したナック

街角ウォッチをし、自分の目で見た状況から、いわば「ボトムアップ・アプローチ」で銘柄を探すことは多いが、働いている人ならば日々の仕事から、有望な銘柄を見つけることもできるだろう。

仕事をヒントにして有望銘柄を発見した例を２つほど紹介したい。

まずはナックだ。一時はポートフォリオの１位を占め、建玉《たてぎょく》（未決済分）総額が２０００万円を超える超主力だった銘柄だ。

ナックを見つけるきっかけとなったのは、私の勤務先だった。

会社の入っていた建物の配水管が老朽化し、水道水に臭《にお》いがつくようになっていた。配水管の交換には60万円かかるという。社長は却下した。

でも、水を飲まないわけにはいかない。何らかの代替案が求められた。

「水道水がまずいなら、宅配水を利用してはどうか。コストも月２０００～３０００円で済むようだ」

すんなりこの案が通った。

このときに導入したのは、ナックのサービスではなかったが、これをきっかけにして宅配水の魅力に気がついた。

一度、導入してしまえば、よほどの不満があったり、あるいはもっと魅力あるサービスが登場しない限りは変更しないだろう。インターネットのプロバイダと同じだ。導入させるまでのハードルは高いが、いったん入り込んでしまえば、後は定期的に安定収入が見込める。

まして宅配水が扱うのは水だ。競合があったとしても品質にはほとんど差がない。もともとのコストも安いから月１００～２００円くらい安い競合がいても、わざわざサービスを入れ替える気分にはなりにくい。一度、導入させてしまえば非常にうまみのあるサービスに思えた。

この思いを決定づけたのは、東日本大震災だ。

原発問題から安全な水への需要が高まっていた。

しかし、1日に必要な水の量は飲食用だけでも数リットルになる。買い出しに行くのは面倒だ。とくに赤ん坊や子どもを抱えた家庭で安全な水が求められていた。子連れの母親には、重たい水を買いに行くのは非常に負担だ。友人の家にあったウォーターサーバーは瞬時にお湯も出せるので、粉ミルクやコーヒーを作るのに重宝していた。

どれも私に言われずともといったところだろうが、私の場合はこのときに改めて気がついたのだから仕方がない。

宅配水業界について調べてみると、世帯普及率はわずか4％だった。とても低い。開拓余地は大きそうだ。原発問題が起きてしまったので、今後は病院や保育所、幼稚園、公共施設などへの導入が増えるだろうとも思った。

またミネラルウォーターの市場規模が当時2000億円に対して、宅配水は半分ほどの1100億円市場だったが、前年比22％増と成長市場だった。

こうした新しい注目の業界についての情報は、矢野経済研究所のホームページにレポートとして置いてあることがある。レポートは有料版が多いのだが、無料で読めるレポートがいくつかあり、それだけでも充分に価値があるのでよく利用している。

ナックは震災以降、8月までに約10万件の新規顧客を獲得していた。02年の宅配水事業開始以来、積み上げてきた30万件の3分の1をわずか5カ月で集めてしまったのだ。

ナックは建築系のコンサルティングやダスキンの代理店事業などが本業だった。ダスキンのモップを届けるついでに水も届けるといったビジネスモデルである。しかし、副業として始めたはずの宅配水事業は全売上の2割まで拡大していた。

こうした数字に加えて、とくに魅力的に思えたのが解約率だ。わずか1・5%。予想通りだ。しかも粗利益率は60%と極めて高い。

一方で懸念材料としては販売管理費の大きさがあった。販管費率は4%を超えていた。集客のため、インターネット広告に多額の費用をかけていたのだ。

しかも、これもインターネットのプロバイダと同じで、市場が拡大するときに顧客を囲い込んでおけば、解約率も低いのだから、後々非常に有利になる。一定規模の顧客を獲得すれば、販管費率も低下してくるだろうと予想できた。

ここまでの要素で買える株だと思ったが、自分と同じように原発問題をきっかけにこの業界に期待した人も多かったようだ。ナックの株価は震災直後に450円の安値をつけた後、原発事故からの7営業日で962円へと上昇し、夏場以降は700円台の高値圏での推移が続いていた。

もう少し安く買いたいところだったが、震災特需は一巡していたとしても、業績へと本格的に反映してくるのがこれからだとすれば充分に買える水準だった。

その後の株価はというと、動き始めるまでに1年近くかかってしまったが、一時期1000円を超えるくらい上昇した。

人のウワサは蜜ならぬ「金」の味

「駐車場はトイレと同じですよ」

目ではなく、「耳」から銘柄発掘のヒントが入ることも多い。

11年10月、5万円台だった株価が1年半で20万円台まで急騰しているパラカもそのひとつだ。

きっかけは後輩との会話だった。その日は社用で東京・原宿へ来ていた。

「WWW9945さん、駐車場、1時間で900円もしますよ、どうします」

「しょうがないだろ、停めないと用事も済ませられないんだから」

「人の弱みにつけんで、こんな高い料金にするなんて。駐車場ってトイレと同じですよ。なかったら漏らしちゃうのに」

憤《いきどお》る後輩を横目に車を停める。

「漏れなく徴収するから駐車場は儲かるんだよ」

ん？　漏れなく徴収している会社はどこだ？

そう思って看板を見てみると、パラカと書いてあった。

会社の経費だから自分の懐《ふところ》が痛むわけではないが、しかし1時間900円は高いと思う。一方で、無人で1時間900円を売り上げる会社は投資先として魅力的だ。

家に帰り、パラカを調べてみると、まさにお宝銘柄だった。

事業内容は首都圏を中心にした時間貸しと月極《つきぎめ》のパーキング経営だ。

気づいたのは10年10月だった。ＰＥＲが５・６５倍。ＰＢＲも０・６１倍と極端に低くなっていた。いかにマーケットが冷え込んでいたかの裏返しでもあるだろう。新興企業が多いマザーズ（現・グロース）上場で、株価も４年間で84％下げていたが、同時期にマザーズ指数も同じくらい下げていた。

お宝感が感じられたのは財務面だ。自己資本比率は29％しかなく、１２７億円の負債があり、その負債で駐車場用地１４５億円分を取得していた。バランスシート（貸借対照表）は拡大していた。つまり事業拡大をしようということがここから読み取れる。心配なのは有利子負債だったが、金利は20年固定で２・７％。当時の債券相場高騰の恩恵により、低利での借り換えは可能だろうと見込めた。

こうした銘柄は「金融相場」（低金利時代などに相対的に株式の魅力が高まり、業績にかかわらず株価が上昇するような相場）では有望だ。

しかもパラカの場合は1期前、２期前ともに最高益を更新するなど、過大とも思える資産からきちんと収益を生み出していた。

駐車場業界全体についても調べてみると、駐車場経営には３つほどのモデルがあることがわかった。①自社で土地を保有するモデル、②地主から土地を借りて駐車場を経営し、収益をシェアする還元方式と、③地主に固定の地代を支払う固定方式だ。

還元方式や固定方式では利益率が1割にも満たず、魅力はまったくない。土地を保有するモデルだと、もちろん土地の取得費用は高額になるが、利益率は6割以上だ。パラカのモデルはこの土地所有モデルだった。

土地所有モデルは利益率が高いが、一方でバランスシートは膨れ上がるから、財務面でのリスクは大きい。だが、デフレ、不景気という世相のもとでは土地の取得単価の低下や、借入利息の低下が期待できた。

今後の成長面を考えてみると、成長できるかどうかは単純に思えた。いかに空車時間の少ない有望な土地を見つけるか、だ。後輩と停めた原宿の駐車場のように、漏れなく停めざるを得ないような立地の土地をいかに見つけてくるか、営業マンの手腕と人員拡大が売上の増加につながる単純な図式が読み取れた。

こんなところが当時の分析だ。

「いける」と踏んだから一時はポートフォリオのトップ3に入るくらいの規模で、パラカは買い増していった。今はだいぶ比率を低めているが、それでもポートフォリオの4%近くがパラカだ。

ゴールデンウィーク明けの現在、足もとの株価は当時20万円台を超え、ＰＢＲも1倍を上回ってきていたものの、ＰＥＲはまだ10倍ちょっと。優良な不動産を多く保有しているので、インフレ期待による隠れ土地持ち企業として物色される機会があるかもしれないと期待していた。

〝人のウワサ〟に耳をそばだてる

人間、自分が属している業界についてはは自然と詳しくなるものだ。働いている人ならきっと自分が携わっている仕事・業界の分析には秀でていると思う。

ところが、せっかくの分析、情報も本人にとっては身近すぎて、その価値がわかっていないことが多い。「こんな話、友人は興味がないだろう」とみなさんも思って、自分の胸にしまってはいないだろうか。仕事に関する話題は、上司の愚痴や悪口は言っても、業界分析、有望な競合については積極的に話さない人が多いのだ。

いやいや、上司の悪口より、あなたの働いているその業界の話のほうが、株式投資家にとってはがぜん興味があるのだ。

本人が鍵を掛けてしまっている、そんなお宝情報の引き出しは、こちらから開いてやろう。

コタという地味な銘柄を買ったのは、先輩の引き出しをこじ開けて話を聞いたからだ。

先輩はある化粧品メーカーの営業マンとして全国を飛び回っていた。九州以外の全域を担当し、化粧品代理店や美容院を回っているのだ。美容業界の情報に詳しくないわけがない。

「先輩から見て有望な化粧品メーカーはどこですか?」

そんな質問をしたところ、出てきた名前がコタだった。

知っている人は少ないと思う。当時、大証2部上場だった非常にマイナーな銘柄だ。出来高がゼロの日も多く、できても1000株、2000株といった日がザラだ。

だが、先輩が教えてくれたコタはお宝銘柄だった。

売上、税引き前利益、1株当たり利益、資産、負債、これらが年平均10%前後で毎年きれいに殖えている。10年で約2倍。非常に優秀な会社だった。

それなのに株価は07年から4年近く520円前後を推移していた。こんな銘柄は長期的には報われることが多い。

コタは美容院にパーマ剤やシャンプー、リンス、整髪料、カラー剤などを卸していた。

大きな特徴は独自の販売システムだ。一般の美容院には卸していない。「旬報店《じゅんぽう》」というシステムで美容院に経営面や資金繰りのコンサルティングを行い、囲い込んでいるのだ。

「殺し文句は『社長はカットに専念してください、経営面はうちが面倒を見ますから』。これで旬報店に入ってもらって、経営を指導する代わりに市価よりも1~2割高い価格でコタの商品を卸すんだよ」

先輩が教えてくれたウラ情報だった。非常に魅力的なシステムだ。多分、業界内では有名な情報なのだろうが、我々一般人はなかなか知り得ない。

「この会社は一種の宗教に近い。『コタに任せれば大丈夫』と信じているお店が『旬報店』だからね。でも、伸びしろは少ないかもしれない」

とも先輩はつけ加えてくれた。その通りだろう。「信者」を増やすのは簡単ではない。1店ずつ足を運んで粘り強く説き伏せていかないといけないというのは、時間も手間もかかるだろう。だが、一度「信者」にしてしまえば、後は手堅い。

IRから見つかった材料・市場の鞍《くら》替え

非常に魅力的な銘柄だったが、何しろ値動きがない。長期的には報われるのだろうが、自分の性格からすると、もう少し材料が欲しいところだった。

材料はどこに――。

IRにヒントがあった。過去のIRは年に数本、決算発表のお知らせ程度だけだったのが、ある時期から急に増えていた。

・売買単位を500株から100株へ

・株主優待の新設

・創立30周年記念配当
・立会外分売での15万株放出
この4つのリリースが3カ月の間に立て続けに出されていた。4つの情報が示すのはひとつしかない。

市場の鞍替えだ。おそらく経営者も株価に納得していなかったのだろう。

「大証2部上場だから株価が低迷しているのだ、目指せ東証1部！」

そんなことを思ったのかもしれない。売買単位を引き下げて個人投資家が取引しやすいようににし、株主優待でシャンプーなどのトラベルセットをプレゼントすることで女性投資家の関心を誘い、増配で私のような配当狙いの投資家に注目させ、株式を放出することで流動性を高める。そして、東証1部へ――。筋は通っている。

非常に優秀なのに株価が低迷している会社が東証1部へ鞍替えした途端に関心を集め、適正株価へと買われていくことはよくある。

コタにも同じことが期待できた。もしも鞍替えが長くても、この業績、この事業内容ならば下値リスクは限定的だろうとも思えた。

そんな予測のもと、優待がもらえる1000株まで買い増したが、2013年時点でもまだ大証2部のままだ。業績も11年は減益となってしまった。

しかし、株価は長く続いていた520円レベルを脱し、900円を超えているから、収支は充分にプラスになった。しかし、大成功と言えるほどの収益ではない。

「伸びしろは少ない」

そういった先輩の言葉は、この時点では正しいと思った（その後株価はかなり上がった）。

みなさんの周囲にも、いろいろな業種の友人がいると思う。友人のひと言が大きなチャンスになる可能性がある。たまには聞いてみて欲しい。「おまえの業界で面白い会社はどこだ」と。

ただ、ひとつ注意がある。銘柄を鵜呑《うの》みにせず、必ず自分で調べること。そして、矛盾するようだが、業界の概要、トレンドだけを聞いて、銘柄の発掘は自分で行うことも大切だ。コタの場合は、たまたま具体的な銘柄名までドンピシャだったが、そこまで聞けることは少ない。

業界のトレンド、方向性などのショートストーリーを聞き、それに合致した銘柄を探すのは自分の役割だ。ここにはたまらないワクワクがある。

投資家の中で自分しか知らない現場の情報に基づいて投資する——そこには物置で見つけた宝の地図を元に宝探しするようなワクワクがあるのだ。

情報の見方、使い方

四季報の2つの読み方

次は株式投資家の定番である『会社四季報』の使い方だ。

昔はCD-ROM版、今は四季報オンラインを使う人も多いようだが、私が使うのは昔ながらの紙の四季報だ。つい先ほど、紙に関連する銘柄は処分したなどといっておいて矛盾するようだが……。

年4回発売される四季報の新しいものが出ると、コーヒー1杯200円ほどの低価格喫茶店であるベローチェにこもり、5日間くらいかけて読んでいく。

読み方としては「通読」と「精読」の2種類がある。

初めは最初のページから最後のページまでを通読する。世相を考えながら、「今なら不動産が物色されるだろうか」「景気が回復すれば求人関連がテーマになるかもしれない」などと市場の旬を考えながら、世相に合致した銘柄に付箋を貼っていく。すべての銘柄に目を通し終わると、100から200銘柄くらいに付箋が貼られる。

付箋を貼り終わったら銘柄ごとに精読し、今度は付箋をはがしていく。ここでは7つのチェックポイントがある。

四季報チャート図

サンドラッグ

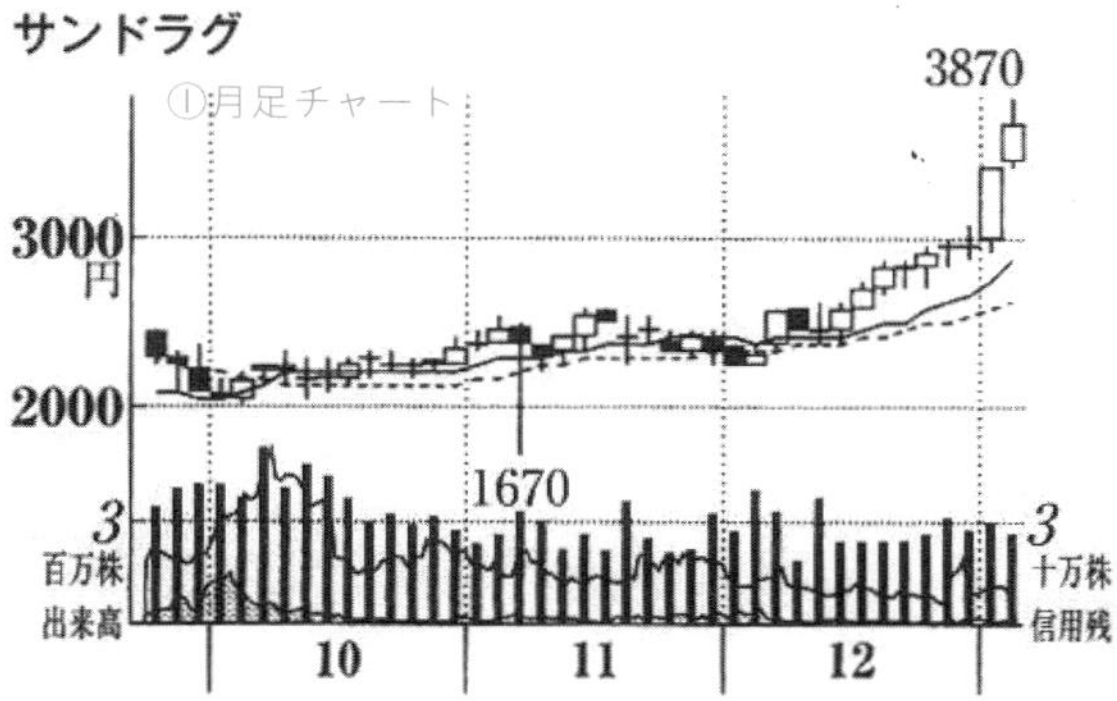

⑦予想 PER

株価指標

予想PER	(倍)
〈13.3〉	15.2
〈14.3〉	14.6
実績PER	
高値平均	14.8
安値平均	10.2
PBR	2.40
株価(2/25)	3690円
最低購入額	36万9000円

9989 (株)サンドラッグ

【決算】3月 【設立】1980.7 【上場】1994.8

【特色】東京西部地盤のドラッグ大手。ローコスト経営。西日本中心にディスカウントストア(DS)展開
【連結事業】医薬品23、消耗雑貨13、化粧品27、ベビー用品2、他35 〈12・3〉

【連続最高益】店舗純増55(前期44)。医薬品、化粧品伸び既存店順調。会社営業益やや保守的。14年3月期も店舗純増70前後と拡大続く。商品拡充で化粧品伸ばし、既存店堅調維持。粗利よい調剤の比率高まる。薬剤師積極採用による人件費こなす。増配も。

【調査】ディスカウントストア子会社に公取委が立ち入り調査、納入業者への不当作業要求の疑い。調査報告は半年前後先か。

年月【資本異動】		万株
96. 5	分1→1.2	1,299
97. 3	公100万株 (2822円)	1,399
97. 5	分1→1.2	
04.11	分1→2	3,358
06. 4	分1→2	6,716

東証	高値	安値
94~09	9280(00)	1210(98)
10	2393(12)	1993(2)
11	2588(7)	1670(3)
12	3110(12)	2220(1)

	高値	安値	出来万株
12.10	2973	2709	
11	2999	2850	
12	3110	2880	278
13. 1	3440	2947	301
#2	3870	3425	282

【採用】初‥万円 予‥ 内定‥ (女‥) 中途‥
【格付】[J]A-(安)

【株式】1/31 67,165千株 単位 100株 [貸借] [優待] 時価総額 2,478億円
④利益剰余金
総資産	百万円 ...087
自己資本	97,020
自己資本比率	58.8%
資本金	3,931
利益剰余金	92,530
有利子負債	1,553

【指標等】〈連12.3〉
ROE	14.2%	予15.8%
ROA	8.2%	予 9.3%
調整1株益		一円
⑤営業CF ...3)		12,580
	92億	予137億
減価償却	49億	予 52億
研究開発	‥億	予 ‥億

【キャッシュフロー】百万円
営業CF	17,021	(18,046)
投資CF	▲8,016	(▲6,180)
財務CF	▲4,644	(▲5,407)
現金同等物	23,450	(19,089)

【株主】単4,679名〈12.9〉 万株
(株)イリュウ商事	2,646(39.4)
CBニューヨーク・オービス・ファンズ	551(8.2)
CBニューヨーク・オービス・エスアイシーアーヴィー	456(6.7)
自社(自己株口)	414(6.1)
BBHフィデリティLPSF(プリンシパルASSP)	211(3.1)
日本トラスティ信託口	188(2.8)
ステート・ストリート・バンク&トラスト	180(2.6)
多田直樹	155(2.3)
日本マスター信託口	124(1.8)
多田高志	110(1.6)

〈外国〉40.3% 〈浮動株〉2.1%
〈投信〉2.3% 〈特定株〉75.3%
【役員】(社)才津達郎 (取)赤尾主哉 鶴田一広 貞方宏司 坂井義光 多田直樹 (常監)寺村善一 (監)小... ⑥配当
【連結】サンド...マシーズ, 星光堂, ダイレックス

【業績】(百万円)	売上高	営業利益	経常利益	純利益	1株益(円)	1株配(円)
連10. 3	284,112	16,020	16,485	9,440	149.8	30
連11. 3	360,655	19,232	19,801	10,871	172.5	34
連12. 3	386,836	22,263	22,797	12,580	199.6	40
連13. 3予	414,300	24,700	25,200	15,300	242.8	44
連14. 3予	445,000	26,900	27,400	15,900	252.3	44~48
中12. 9	199,783	11,950	12,190	7,218	114.5	22
中13. 9予	214,000	13,000	13,200	7,750	123.0	22~24
四11. 4-12	292,249	16,317	16,729	9,131	144.9	
四12. 4-12	307,175	18,512	18,919	11,244	178.4	
会13. 3予	415,300	23,950	24,500	14,450	(12.5.15発表)	

【配当】	配当金(円)
11. 3	18
11. 9	18
12. 3	22
12. 9	22
13. 3予	22
13. 9予	22~24
14. 3予	22~24

予想配当利回り 1.19%
1株純資産(円)〈連12.12〉 1,539 (1,405)

【本社】183-0005東京都府中市若松町1-38-1 ☎042-369-6211
【直営店舗】関東310, 東北26, 信越3, 東海43, 近畿44, 中国5, 九州68 計499 29.8万㎡
【FC】105【物流センター】国立, 柏, 所沢, 札幌, 福岡, 名古屋, 他12
【従業員】〈12.9〉連3,937名 単2,584名(30.6歳)年456万円
【証券】[上]東京 [幹](主)野村(副)大和 [名]みずほ信 [監]新日本
【銀行】みずほ, 三井住友
【業種別時価総額順位】ドラッグストア 1/17社

③今期の営業利益予想

②今期の売上高予想

» www9945's comment

①→⑦の順に見ていきます。「業績」では「売上高」と「営業利益」が一期前、二期前と比べて安定的に増加しているかも見ています。

出典：『会社四季報』2013 年第 2 集春号

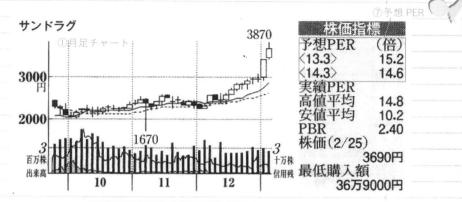

最初は月足チャートの形をざっと確認する。理想はゆるやかな右肩上がりだ。急騰しているよりも、移動平均線（１４６ページ参照）にタッチしながら年に20％株価が上昇しているような、ゆるやかなものがいい。

次に「業績」の項目で今期の「売上高」と「営業利益」の予想、「財務」項目の「利益剰余金」、「キャッシュフロー」項目の「営業ＣＦ」を見て、すべてがプラスになっているかどうかを確認する。

「配当」にも目を通す。望ましいのは年に1円、２円とゆるやかに殖えていることだ。

最後の指標として、日本株市場全体のコンセンサスとなっているＰＥＲよりも下回っているかどうかを基準に「予想ＰＥＲ」を見る。コンセンサスは難しいが、おおむね10～15倍程度が目安だろう。

ここまでの7つの項目がすべて満たされていればいちばんいいのだが、理想的な銘柄ばかりではないので、半分以上を満たしているようなら付箋を残すし、そうでなければ外すといった感じだ。

それから、もちろん業務内容も確認しておく。自分が興味を持てて、理解できる業務内容の会社であることが前提だ。私がＩＴ関連にほとんど手を出さないのは、ここで引っかかるからだ。自分が理解できる業種であれば、業績の好不調があっても原因を調べやすいし、事業内容を掘り下げて調べるのも楽だ。自分に理解できないような事業内容だと、株価が急騰・急落しても原因がわからず、不安になってしまう。

個人投資家ブログの読みどころ

空き時間の情報収集には携帯電話を使っていた。今はスマホやｉＰａｄが中心。食事中や電車での移動中、あるいはトイレ、さまざまな時間に取り出して、ポチポチといじっている。

何を見ているかというと、主に個人投資家のブログだ。ここ数年はＸ（ツイッター）がメインだ。２０１３年当時は登録しておいたブログに更新記事があると教えてくれる「はてなブックマーク」を使っていた。ここに登録しているブログ数は70～80くらいだった。

他の投資家のブログを見て、自分では気がつかなかった銘柄を見つけられることもあるが、個人投資家のブログには市場の空気感が新鮮にパッケージされている。

個人投資家の売買動向や資産を見ていると、市場の大まかな位置がわかるのだ。アベノミクスが囃し立てられている時同様、今のような時期をスタートに考えてみよう。

①個人投資家のブログやSNSが大いに盛り上がっている

億を超えたという報告が増え、時には「会社を辞めて株に専念します」なんていうブロガーや、中には「銀行でローンを組んで投資に回そうかと思う」などという恐ろしい発想を書くツイートが出てくる。こうなるともう相場は過熱気味だ。

②SNSの更新頻度が目に見えて落ちてくる

「今日のパフォーマンス」の報告がない日が増え（大損をした日は更新への気力がわかないことも多い）、やがて「今週のパフォーマンス」になってしまう。この時期は高値圏からジリ下げする局面だ。

③ネタが切れる

ジリ下げしていてもまだ高値圏にあると買える銘柄は少なく、一段高を期待してホールドしている銘柄も動かないから、ツイートや情報はネタ切れ。別の金融商品の話題や食べ物の話などが増えてくる。このときは急落に要注意だ。

④急落が訪れると、信用取引を活用していた人を中心に、放置されたSNSが目立つようになる

「諸事情により更新を休みます」といった告知がいつまでも最新記事となる。低迷相場の開始であり、配当狙い・優待狙いの好機の始まりだ。

⑤生き残ったインフルエンサーの話題が「どこで損切りすべきか」といった後ろ向きな話題が中心になる

とくに現物のみで取引していた人が損切りを口にし始めたら懐《ふところ》がかなり痛んでいる証拠だ。市況はかなり冷え込む。

⑥「今月のパフォーマンス」すら更新されなくなる

こうなると、大底《おおぞこ》が近い。

⑦消えていたインフルエンサーが少しずつ更新を再開する

反転上昇の始まりだ。ただ、この時点ではインフルエンサーの保有銘柄数が増えても、資産はさほど変わっていない。

⑧銘柄数の増加に資産の増加が追いついてくる

明確な反転シグナルだ。相場の動きも堅調になる。

⑨堅調から急騰になると、総資産も急増し、SNSの更新が頻繁に

SNS自体の数も増え、見知らぬ相手からのDMが届くようになる。

そして①へと戻って行く。おおよそこんな循環だろう。更新していないSNSの更新再開も大切なシグナルだから、ブックマークからは消さずに、いつか再開する日を待ってそのまま放置している。

週刊誌やサイトでわかる相場の天井シグナル

同じようなことはサラリーマン向けの週刊誌やニュースサイトからも読み取れる。前提となるのは、これらが株式投資を取り上げるのは、「相場が良いときに限る」ということだ。

①株式市場が上昇トレンドに転じてしばらくたつと「日経平均は10万円に乗せる！」といった大風呂敷を広げた特集が組まれる
②毎週のように個人投資家座談会や推奨銘柄特集が組まれる
③「カリスマ投資家」が時代の寵児《ちょうじ》として脚光を浴びる
④株式関係の記事は特集記事だけだったのが、見開きページなどの連載記事も加わる（「カリスマ投資家」などがその連載を担当する）
⑤推奨銘柄が袋とじなどになる
⑥通勤中のサラリーマンが袋とじをビリビリ破るのを目にする
⑦一転して「暴落が間近！」といった警鐘を鳴らす記事が載る（しかし暴落はしない）
⑧日本株に割高感が出て、しかし読者の投資意欲はまだ高いので、新興国やＦＸなど目先を変えた記事が載る
⑨暴落記事が忘れられた頃に暴落する
⑩株式特集からエロ特集へと主題が移る

週刊誌でわかる株式天井の定義

下に行くほど過熱感が強い ↓

① 「日経平均株価は、20,000円に乗せる」などというアドバルーンを上げる
② 毎週、株式座談会やお奨め特集が組まれる←（今ココ）
③ その中から「カリスマ投資家」が生まれる（仕込みの場合が多い）
④ 見開き2ページの「定期的な株式記事」が生まれる
⑤ 本の巻末に「ハサミが必要な袋とじ推奨株」がついてくる
⑥ 通勤途中のコンビニでそれを「必死になって見ようとしている欲ボケサラリーマン」を嘆かわしく思う
⑦ そうこうしているうちに株式が高騰し、週刊誌が、ありがたくも心配してくれて暴落記事を作り上げる
⑧ 全然暴落しないので、声高となる
⑨ 忘れた頃に暴落する
⑩ 当たったのはいいが、売上が減る

>> www9945's comment

⑦まで来ると要注意ですが、まだ⑦まで来ていないので大相場ではありません。

皮肉も込めてしまったが、おおむね、こうしたサイクルだろう。

もうひとつ雑誌を読み解くキーワードは「女性」。フェイスブックの上場時には、5歳の少女が「私のお小遣いは全部フェイスブックの株に投資して」といって話題になったが、女性向け雑誌に株式関係の記事が載ると、天井のシグナル。相場は末期だ。

同じようなことは「バラエティー番組で株自慢をするお笑い芸人」にも言えるのだ。

第5章

運用利回りで大きく差がつく！銘柄の選び方

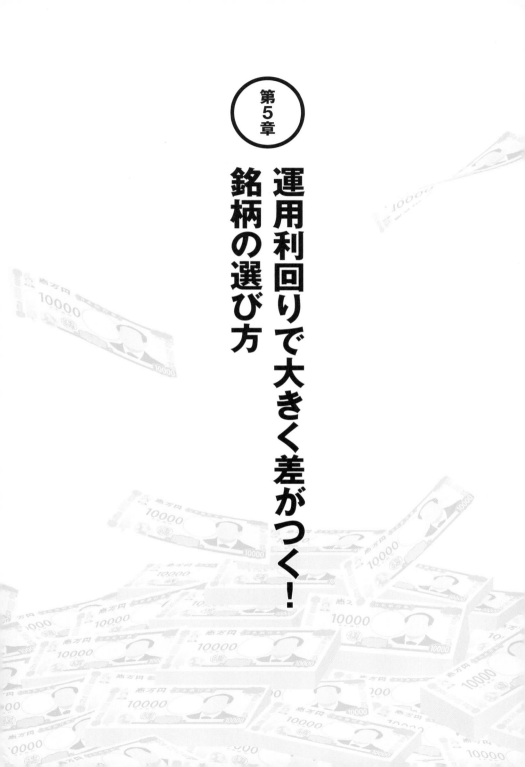

配当をとにかく注視する！

ポートフォリオの3分類①配当利回り狙い

この章では、どんな銘柄をどれくらいの割合で持ったらよいかについてお話ししたいと思う。２０１３年に保有していた日本株は１１８銘柄。これらの銘柄は信用取引分を除けば、大きく3つのパターンに分類できる。

①配当利回り狙い
②株主優待銘柄
③経常利益連続増益銘柄

これらの観点で選んだ銘柄が土台となり、その上に次章で解説する信用取引も駆使した短期売買銘柄が乗っかってくるというのが現在の基本的なやり方だ。

まずは①の配当利回り狙いから説明していこう。

配当銘柄を探すとき、最初に行うのはスクリーニングだ。ネットで自分が買いたいと思う水準の条件を入れて、それに引っかかった株を探すのだ。当時は「株マップ・ｃｏｍ（http://jp.kabumap.com/）」というサイトを使っているが、特別な指標でスクリーニングをするわけでもないので、これ以外のサイトを使ってもよいと思う。

条件はシンプルで次の2つだけだ。

・PBR1倍以下

・配当利回り4％以上

株マップ・comには初心者向けの「簡易スクリーニング」と、有料・上級者向けの「詳細スクリーニング」があるが、条件は2つだけなので簡易版でできてしまう。

PBRを条件に加えているのはバリュー投資家の性だが、PBRが1倍を割っているような銘柄であれば下値リスクは低いため、安心して配当狙いで長期保有できる。利益は移ろいやすいが、資産はそう簡単に急増・急減しにくい。

高配当銘柄を探すときには、毎週1回発行されている『日経ヴェリタス』も参考にする。この新聞には毎週「高配当利回りランキング」としてトップ100社の株価・年間配当額・配当利回りが載っている。大きな変動は少ないが、上から順に眺め、目新しい銘柄があれば調べてみるのが毎週の習慣だ。

銘柄が絞れたら、銘柄ごとに詳細を見ていく。

まず業績だ。売上や営業利益が二期前、一期前と比べて、大きく変動していないかどうか、安定性を見る。多少の業績悪化ならば、同じ程度の配当を出してくれる会社も多い。が、急激に業績が悪化するようだと減配になるリスクがある。配当狙いの銘柄では、成長性は乏しくとも安定した業績を継続して出してくれる会社がいい。

財務面では株主資本比率が40％以上であるのが望ましい。株主資本比率は基本的に財務の健全性を示す指標だと考えている。これが40％以上ならば、過度の借金を背負っているわけではなく、突然の倒産リスクも少ないと考えられる。僕は「望ましい」というくらいで考えているのだが、ここにこだわるようなら、スクリーニングの条件に加えてもよいだろう。

最後に業種だ。これは個人的なこだわりでもあるが、なるべく地味な業種がいい。倉庫、運輸、卸、小売といった不人気な業種は市場で実力よりも過小評価されやすく、株価は割安な水準に留まり、配当利回りが高くなっていることが多い。配当狙いの副産物として、こうした業種の株を配当をもらいながら長期保有していると、いずれ実力通りの評価がなされ、株価的にも報われることが多いという経験則もある。

逆に投資対象から外すことが多いのはハイテク産業だ。事業内容を完全には理解できないので、よほどの魅力がない限り投資対象から外す。それにＩＴ業界は変化するスピードが速いせいか、業績のブレが大きい。配当狙いには不向きではないだろうか。ただ、コロナ禍を経て、これもポートフォリオに組み入れるようになった。理由は第７章で後述する。

減配したら「成行」で処分する

さて、配当狙いといえど、保有しっぱなしではない。「時」がくれば売ることがある。処分を考える大きなきっかけとなるのが「減配」だ。1円でも減配するようなことがあれば、保有する理由が消滅したことになる。そういうときは翌日の寄り付きで株価を見ずに全株、成行で処分する。株価を「見ない」のは、見ると後ろ髪を引かれるからだ。

もうひとつの売りどきはPBRが1倍を超え、かつ配当利回りが1・5%を割ったとき。指標がこれだけ悪化すると、株価はかなり上昇しているはずで、過熱感すらあるだろうから他の銘柄と入れ替える。12年11月からのアベノミクス相場はこの条件に当てはまることが多く、悩ましかった。

そして、配当銘柄の売却は痛し痒《かゆ》しだ。もともと配当利回り4%以上という条件で選んでいるので、売れば目先の売却益を得られても、それと同時に将来の配当を失う。まして配当銘柄を売却するような相場では過熱感がたっぷりで、他の銘柄に乗り換えしようと思っても、ふさわしい銘柄が見当たらないことも多い。相場が冷え込んで配当利回りが高くなるのを待つか、あるいは海外に目を向けるかだろう。

ちなみにどのくらいの量を買うかだが、なるべく広く分散して持ちたいので、1銘柄につきポートフォリオ全体の0・5%にも満たないものがほとんどだ。13年時点でのポートフォリオ全体の配当利回りは3・4%ほどになる。

配当狙いの中山福、BPカストロール

配当狙いで理想的な銘柄のひとつがBPカストロールだ。英国大手石油会社のBPが株式を53%保有する、自動車用潤滑油販売の大手である。

先ほどの基準にしたがって、BPカストロールの指標を見ていこう。

売上は130億円前後で、この数年、ほぼ横ばい。経常利益も25億円前後で横ばい。成長性はないが、売上や利益が急減する可能性は低そうだと判断できる。

PBRは1倍を割っていて、配当性向(利益のうち配当に振り向ける割合)は23%。配当性向は20%以上あると望ましいので、どちらも合格だ。

配当は16円、配当利回りは足もとは相場の過熱で3・5%まで落ち込んでいるが、今の相場なら合格ラインだろう。株主資本比率も73%。基準にした40%を大きく超えている。これらの指標を見れば、配当利回りを狙って投資するには悪くない銘柄だということがわかる。

悪いのは「時期」だけだ。配当を狙うにも、次に説明する優待を狙うにも株式市場が過熱しているときは好機ではない。

ポートフォリオからもう1銘柄、紹介してみたい。

大証一部(現・東証スタンダード)上場、キッチン周りなどの家庭用品卸で首位の中山福だ。いかんせん業種が地味なせいか人気薄で、アベノミクス相場を経てもいまだPBRは1倍割れ。配当利回りはさすがに4%を切ってきたが、それでも3%台後半に留まっている。

しかし、私にはこの地味さがたまらなく魅力だ。

配当を見ると08年の20円からだんだんと殖えてきて、13年3月期では27円。必ずしも増配を続けている必要はないが、無理のない増配であれば大歓迎なのはもちろんだ。

配当を維持するには、①急激に売上が減少しない、②利益が大きく落ち込まない、③50%以下の無理のない配当性向、といったところがポイントとなる。

中山福の場合、業績は安定しているものの、配当性向は4割近くと高い。警戒水準に設定した50%へと近づきつつある。

配当性向が50%を超えてきたら注意して見る必要がある。100%以上になれば、ポジションを少し減らす。配当性向の計算式は「配当金÷利益」だから、100%を超えるということは利益が減っているか、事業に投資する当てもないから配当として使ってしまうかといったところだ。いずれにしろ、企業としての将来性は明るくない。

中山福のような地味な銘柄でも配当利回りが4%を切っているような相場では、配当狙いの株は買いにくい。過熱感が収まるのを慌てず落ち着いて待ちたい。

ポートフォリオの3分類②株主優待銘柄

次に株主優待銘柄についてだが、ここは他の人と少し考え方が違うかもしれない。優待銘柄として人気のある会社のひとつにANAホールディングスがある。しかし、私が100回生まれ変わったとしても買うことはないだろう。株主の割引優待券は利用に制約条件が多く、しかも、このLCC（格安航空会社）時代にわざわざANAに乗る機会もないだろうから、優待券の使い道がまったく浮かばない。

株主優待は「形を変えた配当」として捉えているので、品物そのものの魅力ではなく、「金額換算した価値」を重視する。大切なのは優待品の魅力よりも、優待品を金額換算して年利換算した「優待利回り」の高低だ。

だからQUOカードやJCBギフトカード、百貨店商品券のような換金性の高い優待をくれる銘柄は優先順位が高いし、品物であれば確実に自分で消費するであろう品物を選ぶ。

もっともムダにならないのがお米、あるいはおこめ券だ。お米のような主食やミネラルウォーターはムダにしにくいし、後は日常的に使う商品も重宝する。あるときに自分の保有銘柄からもらえる年間のお米の量を計算したら43キロあった。日本人が1年間に消費するお米の量は50キロだそうだから、ほとんど優待でまかなえていることになる。

ただ、これは個人の好み、ライフスタイル次第だ。私の場合、アース製薬100株でもらえる「製品詰め合わせ」の消臭剤や殺虫剤はとても嬉しいが、ノエビアホールディングスの「ノエビアグループ商品の詰め合わせ」にはまったく魅力を感じなかった(23年に優待廃止)。ノエビアホールディングスは1000株で2万円相当の品物がもらえたからお得に見えるかもしれないが、化粧品を自分で消費することはないし、換金性は極めて低いからだ。もしもプレゼントできる相手がいれば話は別なのだが、残念ながらそんな相手は当時も今もいない。私に必要なのは化粧品よりも殺虫剤だ。あるいは、出会いの機会を与えてくれる優待銘柄があれば、飛びつくだろうが……。

都合が悪くなって、細かい話に逃げるようで恐縮だが、気をつけたいのが「割引優待券」だ。割引券は金券に近いと思われるかもしれないが、割引券はあくまでも「割引」であり「無料」ではない。使うときには必ず現金の支出をともなうから、お得なようでいて損になることも多い。結局使わないままムダにしてしまうことも多いので、よほど自分が日常的に使っているサービスやお店でない限りは、避けるようにしている。

判断が難しいのは、自分で商品を選べる「カタログギフト」。「5000円相当」と書いてあっても、カタログを開いて「これで5000円か」と溜め息をつきたくなるようなものもある。それでも優待利回りは5000円で計算されているので、釈然としないものが残る。

逆に「これで3000円か!」と雄叫びを上げたくなるカタログギフトもある。メガチップスもそのひとつで、100株で3000円相当のカタログギフトがもらえるのだが、これが3000円相当とは思えないくらい充実している。

カタログギフトは開けてみないとわからない「福袋」のようなものだ。

10万円以内で買える銘柄も多い。月5万円ずつ株用の投資資金を捻出すれば、数カ月かけて複数銘柄を保有することもできる。

優待銘柄のスクリーニング

さて、前置きが長くなってしまったが、以上を前提に銘柄を探すのだが、基準は2つ。「配当利回り3%以上」かつ「優待利回り2%以上」で合計5%以上の利回りが狙える銘柄だ。

株主優待の銘柄を探すのは、少しスクリーニングの手間が増える。

最初に使うのは「株マップ・com」。スクリーニング条件はただひとつ、「配当利回り3%以上」だ。最初に配当利回りでスクリーニングするのは、優待と配当をセットで考えるからだ。

3%以上の配当利回りがある銘柄は非常に多いので、ここからもう一段スクリーニングして、銘柄を絞り込んでいく。

次に使うのがSBI証券の「株主優待検索」だ。今はできなくなってしまったが、11年前はここで優待品を金額に換算した「優待利回り」での絞り込みができたので、「優待利回り2%

以上」でスクリーニングして、先ほどの配当利回り3％以上の銘柄と合わせ、合計5％以上となる銘柄を絞り込んでいた。

ただし、優待利回り2％以上の銘柄でも、先ほど述べたように自分で使わず、換金もできないような商品をもらっても仕方がないので、内容は個別に見ていくしかない。

優待利回りは月刊誌『ダイヤモンド・ザイ』（ダイヤモンド社）がたびたび行っている株主優待特集でも掲載されているので、そちらを参考にしてもいいと思う。

違うホームページでスクリーニングして、2つの条件に合致する銘柄を探すことになるので、非常に手間がかかる作業になるのだが、私の場合にはこのやり方が合っているようで、いつもこうしている。

2段階でのスクリーニングが面倒な人は、株式情報サイトなどで自分で条件式を入れてやれば、「配当利回り3％以上・優待利回り2％以上」の銘柄をすぐに探せるはずだ。そちらで試してみて欲しい。

配当＋優待利回りで5％以上というのが狙いなので、ＰＢＲは考慮しないが、財務面では「株主資本比率10％以上」「利益剰余金がプラス（＝お金に余裕がある）であること」といったゆるめの基準を設けている。

優待銘柄の買いどき・売りどき

次に優待銘柄をいつ買うかという話に移りたい。

優待投資は「守りの投資」だ。地合いでいうと、アベノミクスで相場が高騰している本書執筆時点にはまったく適さない。できれば、地合いが悪く、週刊誌が株式に見向きもしていないような時期に、「そっと」買う。それが優待投資の基本だ。

相場が過熱している時期は優待利回りが低下するだけでなく、株価下落のリスクも高いからだ。優待をもらっても、それ以上に株価が下落したら本末転倒。優待投資を始めるならリーマンショック後のような、閑散とした相場が一番だ。

買う「月」も大切だ。株主優待の権利が確定する月の中旬くらいに買うと、後々含み損を抱えやすい。優待の多い3月、9月はマネー雑誌や新聞でも優待特集が組まれ、それに煽《あお》られた初心者が水準を気にせず買い上げていくからだ。だが、何もわざわざ高くなりがちな月に買う必要はない。

目ざとい投資家の中には、人気優待銘柄を割安な2月のうちに仕込んでおき、3月になると出てくる優待狙いの買いに売り注文をぶつけて利ザヤを稼ぐ人もいる。そんな投資家の餌食にならないよう、事前に仕込んでおきたい。

「時期なんて気にせずとも、クロス取引でタダ取りできる」と言う人もいるかもしれないが、私は使わない。

優待狙いのクロス取引というのは現物で優待銘柄を買い、同時に信用取引で同じ銘柄を空売りする（証券会社経由で株を借りてきて、それを売る）というやり方だが、誰もが同じように考えるので、優待銘柄の信用売りでは「逆日歩」が発生しやすい。逆日歩は手数料の一種のようなものだが、このコストが意外とバカにならないことも多い。空売りを甘く見ないほうがいい。

それに、そもそもクロス取引という、他人の株を借りて売り、優待という実利を狙おうという考え方自体が、あまりにもさもしい気がして、個人的に肌に合わない。

また、新たに優待制度を設ける銘柄も注意だ。優待新設の翌日に買ってはいけない。商い（売買高）が急増し価格も上昇してしまうことが多いので、高値づかみで購入しがちである。どうしても買いたいなら、優待新設で高騰した株価が落ちてきて、短期の指標である「25日移動平均線」にタッチするのを待ってからだ。

株数については、以前にも述べたが優待の最低単位で購入するのが、利回り的にもっともお得になることが多いので、最低単位ずつ買って、より多くの銘柄に分散することを優先している。

そして売りどきだ。

移動平均線のいろいろ

名称	期間	特徴
5日移動平均線	超短期	普段はあまり使わないが、急騰・急落時には短期移動平均線まで戻らずに値動きが進んでしまう。そうしたときでも最低限の押し目・戻りとして、ローソク足が5日線までは帰ってくることが多い。
25日移動平均線	短期	いちばん重視する線。株価が短期的に上昇してもおおむねこの線までは帰ってくることが多い。配当や優待狙いでは25日線を基準に買う。主力銘柄が25日線を割ったときは一部を処分する。
75日移動平均線	中期	約3カ月の期間で計算した移動平均線。中期的な値動きの方向を教えてくれる。75日線が上向きなら上昇傾向、下向きなら下落傾向。25日線を割ってしまっても75日線で支えられることもある。
200日移動平均線	長期	長期的な値動きを示すのが200日線。長期線なので頻繁に傾きを変えない。月足、週足、日足と見て、いずれも200日線がなだらかに上向きになっていると望ましいチャートで買いやすい。

>>www9945's comment

自分の場合、移動平均線と株価の水準を確認しながら買い増ししていくので、トレンドフォロー型（順張り）の投資スタイルといえます。

優待狙いで最大の恐怖は突然やってくる「優待廃止」「優待改悪」である。改悪というのは、優待内容が前よりも悪くなること。結局、優待については株主総会を経ず、経営者の胸先三寸で簡単に変更できてしまうから、優待の廃止・改悪を予測するのは難しく、自衛方法はない。

優待の廃止・改悪は、時として業績の下方修正並みのインパクトを株価に与える。オーシャンシステムがそうだった。優待内容変更を発表したのは12年9月。発表直前に840円だったのが翌営業日には下に窓を開けて770円台へ急落した。

オーシャンシステムの場合、優待の廃止ではなく「100株で魚沼産コシヒカリ5キロ」から「200株で3キロ」への変更だったのだが、それでもこれだけのインパクトだからたまらない。

自衛策はないが、こうした優待廃止や優待改悪があったときの「安全域」として、「配当利回り3%以上」という条件がある。優待の魅力が剥落《はくらく》しても、「まだ3%の配当利回りがあるから」と思えば保有できる。これがもし、優待しか魅力のない銘柄であれば、黙って損切りするしかない。

優待銘柄をどのくらいの株数で買うか。基本は優待がもらえる最低単位だ。しつこいようだが、優待利回りというのは最低単位だけ買うことでもっとも高くなることが多い。以前にも「優待は貧者の味方である」と述べたが、市況が冷え込んだときに「そっと」「最低単位だけ」

買うのが優待投資の基本中の基本だ。

優待から見つけた有望株・共立メンテナンス

優待狙いで買った銘柄で、思わぬ魅力に気がつくことがある。

株主優待の本来の目的のひとつに、株主にその会社の商品やサービスの魅力を知ってもらうことがあるだろう。

そんな会社の狙いにまんまとハマってしまった（!?）のが、共立メンテナンスだ。

ある旅行好きな先輩から聞いた話だ。

「『ドーミーイン』って泊まったことあるか。いつも予約が満杯で、週末だと2～3カ月前に電話しても断られちゃうんだ。1回泊まってみたほうがいいよ」

そう言われると、どんなホテルか気になってくる。幸いにもドーミーインを運営する共立メンテナンスは上場していた。友だちと一緒に旅行へ行く機会に使ってみようと、ドーミーインを運営する共立メンテナンスの株を買った。優待内容は100株で3000円の優待券、1000株で2万5000円だ。年2回の優待だから、1000株で5万円の優待券だ（現在は異なる。2024年9月30日基準で株主優待はさらに変更予定）。

買った当時は配当利回り2・7％、優待利回り3・6％だった。先ほどのスクリーニング基

共立メンテナンスのドーミーインは、天然温泉の大浴場（写真上）がある。無料の朝食は地元食材を利用した30種類以上のバイキング、それでいて2013年はビジネスホテル並みの一泊7,000円だった（優待券を使ったので支出はゼロ）。

準には合わないし、「割引券は避ける」と述べたが、この場合は目的がはっきりしていたので例外として欲しい。

共立メンテナンスを買って最初の優待をもらうと早速、友人と使ってみることにした。「無料で泊まれるなんて」と友人は喜んでいたが、こうしたところも優待の魅力だったりする。優待利回りにこだわる自分だが、自分で消費しない優待品や優待券は友人や家族にどんどんあげてしまう。第3章で触れた祖母の「3倍返し」ではないが、儲かった分を周囲に還元することも大切なのだ。

さて、実際に泊まってみたドーミーインは確かに魅力的でリーズナブルだった。

その代わり客室内はシャワーブースのみで風呂桶がない。室内はベッドからテレビがよく見え、洗面台もすぐ近く、よく言えばコンパクトにまとまって実用的だが、悪く言えば狭い。清掃も頼まないときてくれない。

大浴場や食事にカネは掛けるが、削れる部分は削る、そんなメリハリを感じた。

「この会社は面白そうだ」

そう感じたので旅行から帰ると、詳しく調べてみることにした。

共立メンテナンスの本業は社員寮などの運営だ。ホテルの評判が大変よかったので、さぞ寮のほうも高評価だろうと思ったのだが、どうもそうでもない。

とくに寮の食事の評価がイマイチだった。「半年もすると寮の食事を避けて外食するようになる」、そんな人が多いようだった。

しかし、寮費は食費込み。食費を払っていながら、食事を摂らない人が多い。意図したことなのかどうかはわからないが（おそらくは偶然なのだろうが）、共立メンテナンスにとっては悪くない状況だ。

チャート的にも三角持ち合いを上放れていていい形だったので、そのまま持つことにした。13年時点も１０００株を持っていたが、株価は買値から2倍に跳ね上がっていた。

ポートフォリオの3分類③経常利益連続増益銘柄

経常利益が数期連続して増益となっているような銘柄には、何か儲かる仕組みがあるはずだ。

そんな銘柄ならば、将来的な増配にも期待できるだろうから買っておこう――。

この発想で買っているのが、経常利益連続増益銘柄だ。この手法に関しては、バリューではなくグロース（成長株）投資といったほうがよいだろう。

売りどきはいつか。

連続増益の更新が途絶えたときだ。

ものすごくシンプルに説明しようとすれば、一言だけで終わってしまう。難しい点があるとすれば、連続して経常利益が増益となっているような銘柄を探すことだろうが、私が利用しているのは『会社四季報プロ５００』（東洋経済新報社）だ。会社四季報を初心者向けに抜粋した本で、四季報発売前に出版される雑誌だが、この巻頭によく経常利益の増益企業ランキングが載っている。インターネットでも「連続増収増益ランキング」といったキーワードで検索すると、適したサイトが見つかると思う。

経常利益連続増益銘柄は成長途上の企業が多いため、全体的に配当利回りが低めだ。余剰資金があっても、配当で株主へ報いるより、ビジネスの発展のための投資に向けられるからだ。

13年時点では、５期連続増益のアインファーマシーズ（現・アインホールディングス）は配当利回り１・２％だし、11期連続（！）増益のトランコムも２・１％。それ以外の経常利益連続増益銘柄も、配当利回りを見たら買えない銘柄ばかりだ。

将来の配当金生活を最大の目的にしているのに、あえて低配当な銘柄をポートフォリオに組み入れるのは、高配当銘柄や優待銘柄だけだと「ポートフォリオが死んでしまう」からだ。優待や配当を多く出す企業は、事業は安定していても大きな成長が見込めない会社が多い。日本のＧＤＰが５％、10％と拡大しているのならば、そうした会社だけで組んだポートフォリオでよいのだろうが、日本はそうではない。現在の高配当企業は将来、日本の地盤沈下とともに減益・減配となってしまうリスクがある。

ポートフォリオに増収増益を続けているような高成長企業を組み入れることで、日本が地盤沈下しても将来的な増配が見込めるのではないか、目先の配当利回りを捨てても一部は将来の増配が見込める会社に投じたほうがいいのではないか――。

それが、経常利益連続増益銘柄をポートフォリオに組み込んでいる理由だ。

ただ、この手法で組み入れた銘柄は、いきなり不振に陥ってしまったり、株価が急落してしまうなど「死亡率」が高い。もともと自分が得意な分野でもないので、将来的な見通しも立てにくい。そのため、比率的には日本株全体の10％にも満たない程度、直近では８％ほどに留めている。ポートフォリオのスパイスといったイメージだ。

対照的だった「ブロンコビリー」と「かつや」

経常利益連続増益銘柄でひっかかってきた2つの外食銘柄がある。

東海圏を地盤に単価1500円前後の比較的高級なハンバーグ店を展開するブロンコビリーと、第4章でも少し触れた低価格とんかつ「かつや」を展開するアークランドサービスHDだ。一方、ブロンコビリーは最近、東京へも進出してきたが、出店ペースは比較的スローテンポだ。かつやはかなり急ピッチに都内へ進出してきた。

ブロンコビリーは3期連続、アークランドサービスは11期連続で増益となっている（13年時点）。

ブロンコビリーから見ていくと配当利回りは1・4％とやはり低い。成長企業だがPERはまだ12倍。ROA（総資産利益率）は10・05％だ。経常利益連続増益銘柄というのは、利益の成長性に着目する手法なので、ROAという指標を気にするようにしている。ROAは資産に対する利益の効率だが、これが10％以上あるのが理想だ。

ブロンコビリーにも優待がある。100株に対して優待券2000円か、魚沼産のコシヒカリ2キロだ。

通常ならば迷わずお米を選ぶところだが、自分のポートフォリオの将来を賭ける銘柄でもあるので、珍しく優待券を選んで、お店に足を運んだ。

アークランドサービスとブロンコビリーの比較

社名	経常利益	純利益	総資産	ROA
アークランドサービス	11 期連続増益	11 億円	80 億円	13.86%
ブロンコビリー	3 期連続増益	8 億円	78 億円	10.05%

純利益を総資産で割った割合がROA
（総資産利益率）

ブロンコビリーのハンバーグ。同業では非上場の「ステーキハウスけん」があるが、品質はブロンコビリーのほうが数段上だと感じた。

»www9945's comment

資産に対する稼ぎの効率を示し、ROAが高いほど「効率良く稼げる会社」となります。ROAの目安は10%以上。

ブロンコビリーのウリであるがんこハンバーグは肉汁がたっぷりと詰まっていて美味しかったし、セットでついてきたサラダバーも種類豊富で、これだけでも満足できるくらいだった。また、大手では、ロイヤルホールディングスが「カウボーイ家族」（22年に閉店）を、13年当時非上場のすかいらーくが「ステーキガスト」を展開していたが、成長性の面からブロンコビリーに優位性がありそうだった。

第4章でも自分の目や耳で情報を集めることの大切さについて述べたが、それは個別の銘柄を調べるときでも同じだ。

実際に目で見て安心したこともあり、ブロンコビリーはポートフォリオに組み入れた。

一方で、かつやを経営するアークランドサービスは11期連続増益ながら買えなかった。失敗例が役立つこともあるだろうから、「なぜ取り逃がしたのか」についても書いておきたい。

かつやに最初に着目したのは09年くらいだったようだ。その頃に分析したアークランドサービスについての記事が手元にある。

これを読み返してみると、「郊外から都心へ」という成長の最終段階にあることへの懸念がまずあったようだ。都心への進出自体は敬遠する材料ではない。

だが、かつやのサービス面で、熾烈な都心での競争を勝ち抜けるかどうかへの懸念があった。その理由が外国人店員だ。外食産業でコストを抑えようと思えば「郊外では高齢者女性・都心では外国人」を雇用するのがセオリーだ。

都心では人件費が高い。かつやも唯一最大のウリである低価格を維持するには、外国人従業員を使わざるを得ないだろうと思っていたし、実際に使っていた。別に外国人を差別するつもりはまったくないが、外国人店員は客に敬遠されやすい。

もちろん外国人店員を使って成功している外食企業も多いが、郊外で高齢者女性を使いながら育ってきたかつやに外国人店員を使いこなすノウハウがあるか、疑問を感じたのだ。

これが反省のひとつだ。

かつやが対象とするような、低価格に魅力を感じて来店するような層は外国人店員だろうが日本人だろうが、些細《ささい》な問題にすぎなかったのだ。かつやは都心部でも成功し、出店ペースを加速させていった。

もうひとつは大株主に対する懸念も感じていたようだ。

アークランドサービスには株式の65％を握る親会社がある。東証1部上場で新潟を地盤にホームセンターを展開するアークランドサカモトだ。65％を握る親会社はいつでも子会社にTOBをかけられる可能性がある。これが嫌だった。長期的な成長性と増配に期待した経常利益連続増益銘柄だからと敬遠したのだが、仮にTOBを仕掛けられても、時価よりも低い金額で買い取ることはないはずであり、利益を得られるはずで、大きな問題ではなかった。もったいないことをしたと思う。

親会社のTOBリスク

親会社のTOBを恐れたのは、過去に苦い経験があるからだ。話は古いが05年、株式相場が過熱していた頃に手がけた東映ラボ・テックという銘柄があった。

東映ラボ・テックの資産内容を見ると、親会社の東映や東映アニメーションの株をタップリと抱え込んでおり、東映グループ全体の資産管理会社のようになっていた。

この会社の保有する有価証券をざっと計算すると、当時の時価で117億円ほどになるはずだった。それに対して、有利子負債は6億円しかない。東映ラボ・テックの時価総額は40億円足らずだった。つまり、誰か親切なお金持ちが私に40億円貸してくれて、私が東映ラボ・テックの全株を買ってしまえば、117億円の有価証券が手に入る。それを一部売って6億円の有利子負債を返済し、優しいお金持ちに40億円を返済しても、まだ手元には70億円分以上の有価証券が残る。非常に割安な水準に放置されていたのだ。

東映ラボ・テックの適正な株価はいくらかと保有資産から計算してみると、当時の株価395円の2・87倍で1134円と出た。

いずれはこの水準まで——と心にメラメラしたものが灯りながら買ったのだが、06年12月に

適正価格で買い取られるとは限らない

東映ラボ・テック（子会社）
適正株価1134円

①主な資産
東映株　106.9億円
東映アニメーション株　10.4億円
※ともに持分法適用会社分含む
現金　2.2億円
→主な資産の合計　119.5億円

②有利子負債
→　6.1億円

①－②＝113.4億円
→会社の価値は有価証券・現金だけで113.4億円。適正な株価は――？

発行済株式総数1000万株なので、有価証券と現金だけを考慮しても「113.4億円÷1000万株」
→1株1134円が妥当
→当時の株価は1株395円……

東映（親会社）によるTOB
実質買収価格561円

【交換比率】
東映0.85株に対し東映ラボ・テック1株

【実質買収価格】
TOB時の株価は
東映　660円
東映ラボ・テック　555円

→「660円×0.85株」＝561円が実質買収価格

»www9945's comment

実質の利益は6円。妥当価格から考えれば1株当たり573円くらい儲かるはずだったのですが、あてが外れて大失敗でした。

あっさりと東映にTOBされてしまった。

TOBは現金で公開買付されることもあるが、親会社のTOBの場合は株式交換という方法で、株式数に応じて親会社の株を割り当てられる方式が採られることもある。このケースでは「株式交換」だった。東映との株式交換の比率は東映ラボ・テック1株に対して、東映0・85株。このときの東映ラボ・テックの終値が555円、東映が660円だったので、実質的なTOB価格は561円。わずか6円しかつかなかった。

その頃には法改正で子会社による親会社株の保有比率に制限が課せられることになっていたから、いずれTOBはあるだろうと覚悟はしていたが、わずか6円というプレミアムにはがっかりさせられた。

この苦い思い出もあり、アークランドサービスを取り逃がしたのだが、逃した魚は大きかった。09年に500円だったアークランドサービスは13年に2500円を超えた。

第6章

虎の子を守る！www9945式「資金管理法」

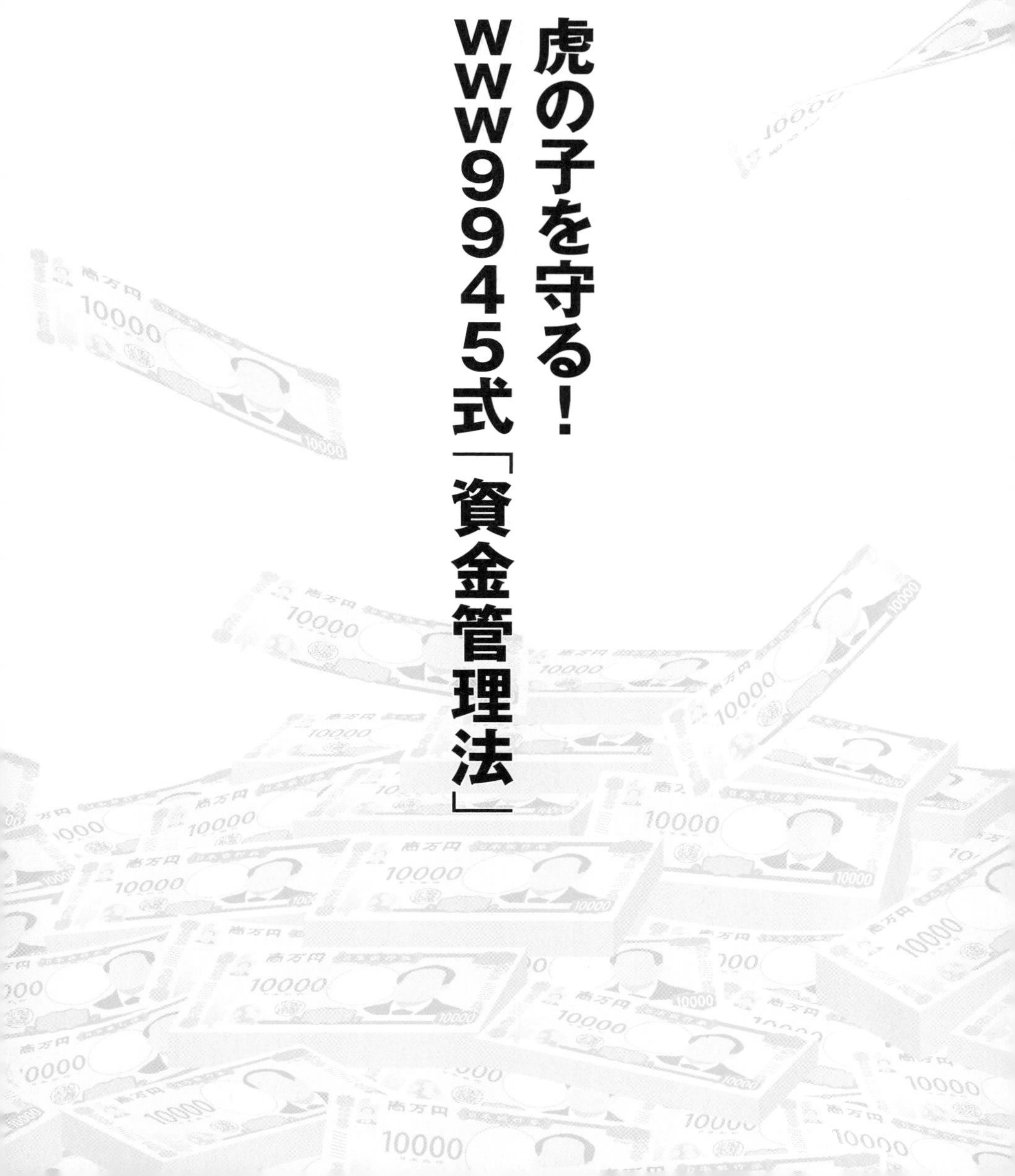

集中投資と分散投資をうまく組み合わせる

スカイツリー型ポートフォリオが強い理由

人気スポット東京スカイツリー。

株式市場でも京成電鉄や日立電線などスカイツリー関連銘柄が話題になったこともあるが、その話をしたいわけではない。

私自身のポートフォリオというのが、スカイツリーをイメージしてもらうと、わかりやすいからだ。

スカイツリーを遠目に見ると、低層部のショッピング施設が入った東京ソラマチの部分が土台になり、その上に634メートルのタワーが建っている。

私のポートフォリオもこのスカイツリー型なのだ。

第5章で述べた配当銘柄と優待銘柄、経常利益連続増益銘柄の視点で選んだ100以上の銘柄が東京ソラマチとなる。この部分の株数は最低単位が多く、「広く・浅く」が基本だ。買値ベースではこの部分だけで6000万円ほどになる。ざっと計算すれば1銘柄当たりの投資額は60万円で、全体の投資金額からいえば1％弱ほどでしかない。

一方で、東京ソラマチの上に建っているタワー部分にある銘柄は「狭く・高く」だ。具体的に言えば、13年時点ではタワー部分に該当するのは7銘柄しかないのに、投資金額は土台の東京ソラマチと同じく6500万円ほど。1銘柄当たりに換算すると1000万円近い。銘柄数は10分の1以下なのに、同じくらいのポジションになっている。

分散投資が東京ソラマチで、集中投資がタワー部分というわけだ。

このタワー部分では信用取引をフルに活用している。土台の部分は放置していてもとくに不安はないが（とはいえ3日に1回くらいはチャートを見るが）、タワー部分は信用取引を使ってレバレッジをかけているので、かなり神経質に見ていかないといけない。

なぜ「広く・浅く」の東京ソラマチだけのポートフォリオにしないのか。

配当銘柄、優待銘柄は時価総額が1000億円以下の小型株が多く、下がるリスクは小さいが、上がるときは全体相場に連動しやすい。こうした株だけを持っていると、相場全体が上がっているときはいいが、全体が下がっているときには大きく損はしないものの、ジリジリと資産は減少していく。

「それがバリュー投資というものだ」ということであればそうなのだが、それだけでは満足できないのが自分の性分だ。

相場の上げ下げに依存せず、どんな相場でも稼ぐためには下げ相場でも上昇する銘柄を見つけて細かく稼いでいく必要がある。そのために高く建てているのがタワー部分だ。

スカイツリー型ポートフォリオとは

【主力銘柄】日々チャートを見て短期で売買していくのが主力銘柄。銘柄数は両手で数えられる程度だが、信用取引を駆使し、大きく取引するため、資金の半分程度は主力銘柄に注ぎ込む。世相や相場の注目するテーマから主力銘柄を選ぶこともあれば、土台の銘柄から値動きのいいものが主力銘柄となることもある。

【土台銘柄】土台部分から主力に格上げされた銘柄も一相場終われば、再び土台へと戻っていき、長期的な配当や優待狙いでの保有という当初の目的に復する。土台部分の銘柄は「高配当」「優待」「経常利益連続増益」の 3 テーマから選択され、チャートをチェックするのは数日に 1 回程度。長期保有を前提とする。

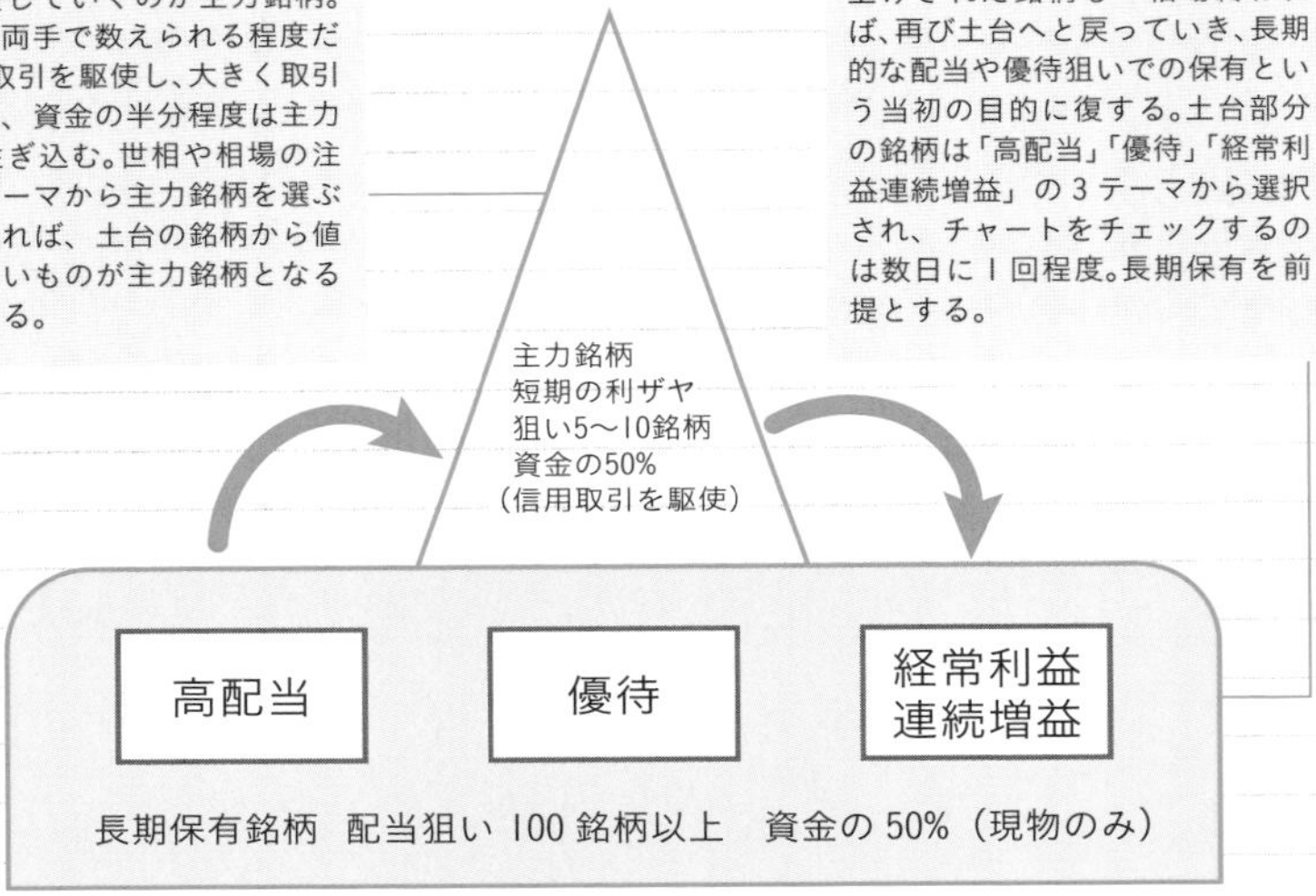

» www9945's comment

土台（ソラマチ）部分ではチャートは参考程度にしか見ていませんが、タワーに組み入れた銘柄では細かく見ていくし、売買も頻繁に行います。

理想としては上昇局面では信用取引のタワー部分で大きく稼ぎ、下落局面では優待、配当狙いの銘柄を現物買いし、土台を広げ、厚みを増しておく。これを繰り返せば、配当の受取金額も大きくなり、自然と下げに強い、ディフェンシブ型のポートフォリオが組めるはずだ。

だから「自分は頻繁に売買している時間はない」という人は土台だけでいいと思う。土台部分をマネるのはそう難しくないだろうが、タワー部分は難易度もなかなか高い。

この章で説明するのは、この信用取引を使ったタワー部分の考え方、取引方法だ。

信用取引の基本的な流れと考え方

信用取引では、売買のタイミングを、過去の経験やデータから予測する「テクニカル分析」で見ていく。

取引する銘柄は土台の部分で保有している銘柄の中で値動きのよいものであったり、あるいはまったくバリューではなく、時流に乗った銘柄であったりする。

おおむね半年から1年後くらいまでに決済するので、信用取引とはいえ期間は比較的長めで考える。だがその間、保有しっぱなしにするわけではなく、少し買ったり売ったりという細かなポジション調整を頻繁に行う。

最終的にプラスの利益で終われればいいが、そうとばかりは限らない。損切りも頻繁だ。いずれにせよ、値動き的にひと相場終わったなというときか、あるいはその銘柄のテーマが時流とは合わなくなってきたら、別の銘柄と入れ替えていく。

大まかな流れはこの通りだが、より細かく説明していこう。

具体的な銘柄で説明したがほうがイメージしやすいと思うので、東証2部（現・スタンダード）上場の東祥を俎上《そじょう》に載せてみよう。

最初に東祥を現物で買ったのは10年11月。優待狙いだった。100株で自社施設の利用券かQUOカード2枚が選べる。選ぶのは迷うことなくQUOカードだ。この時点では、優待以外に買う理由はまったくなかった。

しかし、会社四季報を通読しているとき、東祥のページに書いてあった「プールのないスポーツクラブ」という表現にピンときた。

ここはスポーツクラブを運営している会社なのだが、優待狙いなのでおぼろげに業種を把握していても、その詳細な中身はろくに調べていなかったのだ。

これからの高齢化社会やメタボというキーワードの広まりを考えると、スポーツクラブはこれから伸びそうな業種だと思っていた。会社員は退職すると家でゴロゴロするばかりで脂肪がどんどん蓄積されていく。私の周りでも、退職後たった3カ月で糖尿病にかかってしまった知り合いがいる。そんな時代では手軽に通えるスポーツクラブは有望に思えた。

東祥が展開するのは小規模なスポーツクラブで、四季報に書いてあったように、プールはない。スポーツクラブの中でもっとも建設費、維持費がかかるプールを省くことで大幅にコスト削減を見込める。

東祥は愛知県を地盤にしていて、これから都心部へ進出しようとしていた。「プールのないスポーツクラブ」は狭い土地でも建てやすく、地価の高い都心でも勝負できるだろう。それに名古屋の会社は一般的に「締まり屋」が多い。悪く言えばケチ。トヨタ自動車に代表されるようにコスト意識の厳しい会社が目立つ。名古屋の会社はバリュー投資家と相性がいいのだ。

さて、そんなわけで東祥という会社は、優待銘柄に留めておくのはもったいない会社に思えた。

土台からタワーへの昇格へ――。

それにはまずチャートをチェックする。優待銘柄なら配当利回りと優待利回りだけを見て目をつむって買っていけるが、信用取引では買いどきを慎重に見極めないといけない。

次ページの図のように、月足、週足、日足とチャートを見ていく。基準とするのは、ローソク足が移動平均線の上にあるかどうかだ。

この株を四季報で見て、信用で買ったのは12年6月だった。

日足のチャートを見ると、その年の前半は小さな「三角持ち合い」になっていた。

●週足チャート

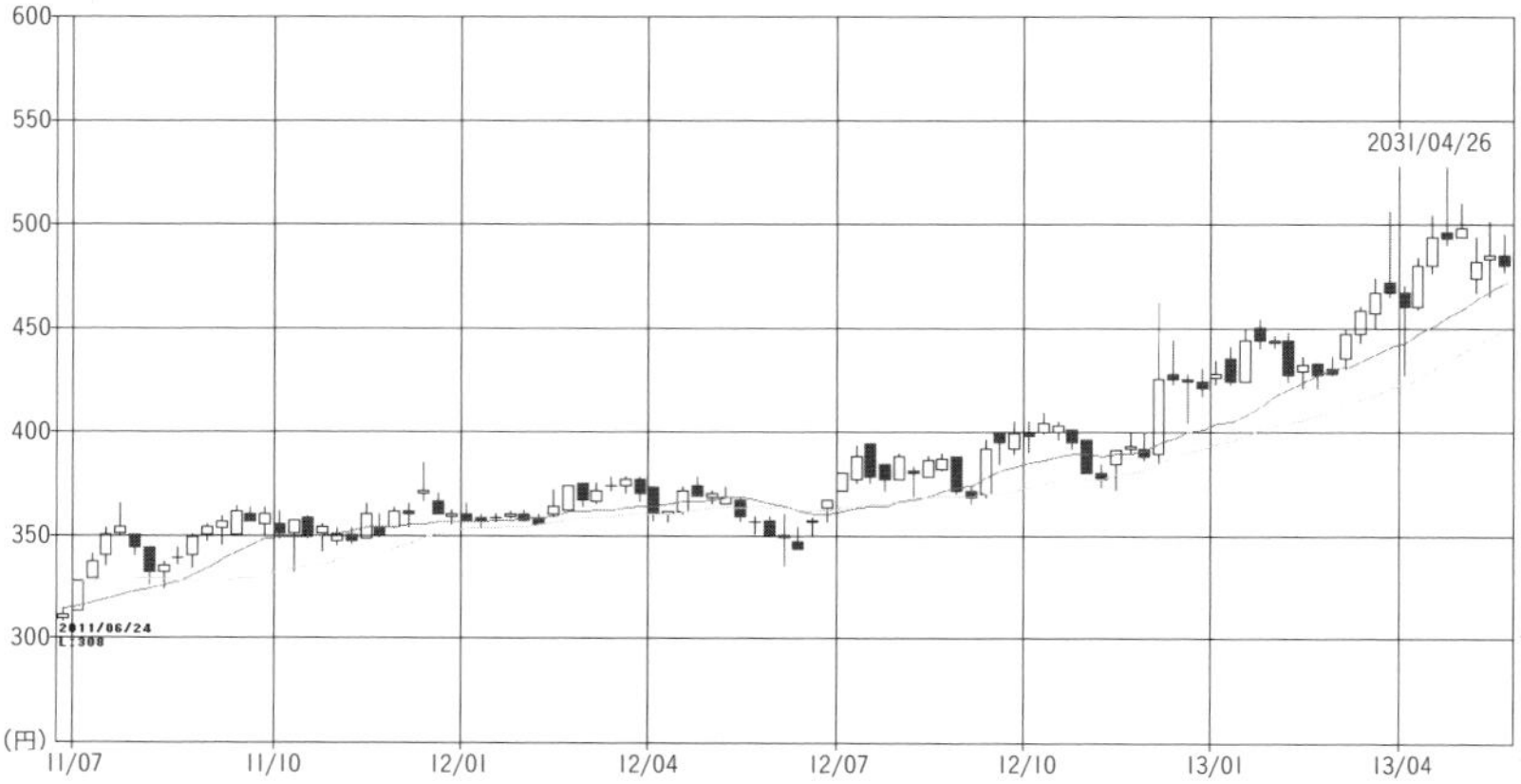

※朝日ネット（3834）の例。チャートを月足、週足、日足で確認
・月足　2年と5年の移動平均線
・週足　13週と26週の移動平均線
・日足　25日と75日、200日の移動平均線

朝日ネットではいずれの移動平均線もなだらかな上向きとなっており、理想的なチャート（2013年時点）。

>> www9945's comment

月足、週足、日足は株価の値動きを表す罫線です。四角いローソクのように見えるものが「足」。白いローソクは始値より終値が高いときを表し、黒いローソクは終値が始値よりも安いときを示します。月足は中～長期的な株価の変動を知るために、週足、日足はより短期の株価変動を知るために用います。

3つのチャートで移動平均線を確認する

●月足チャート

●日足チャート

三角持ち合いでは高値を切り下げ、安値を切り上げと、だんだんと値幅が小さくなっていく。高値を結んだ線と安値を結んだ線が三角形のような形になっているチャートだ（第1章30ページ参照）。上であれ、下であれ、三角持ち合いを抜けると、値動きが拡大していく予兆とされる。

東祥は三角持ち合いを上抜けする直前だった（左ページの図参照）。上抜けを想定してまず打診買い（試し買い）する。そして「次の節目はどこだろう」と見てみる。目先の節目となりそうなのは08年3月につけた高値750円だった。それを抜けると1000円台まで、株価が上がるのを邪魔する〝しこりらしいしこり〟は見当たらない。

750円の手前には11年3月の高値、09年9月の高値が上値抵抗線として機能している感じもあったが、これらの節目を三角持ち合いとともにまとめて抜けた。

月足では1年線と2年線がゴールデンクロス（短期の移動平均線が長期の移動平均線を下から上に抜けていくこと、買いのシグナルとされる）してもいた。

750円手前だったが、猛然と買い上がっていき合計1万5000株へ。平均単価は約690円となった。

そして7月17日、ついに750円を抜けると、その日のうちに779円になった。小型株なので逆指値をしなかったが、そこから1カ月で2300株を追加で買い増し、この時点で1万2800株、単価710円となった。最初に優待目的で買った100株以外はすべて信用だ。

「三角持ち合い」の上放れは上昇シグナル

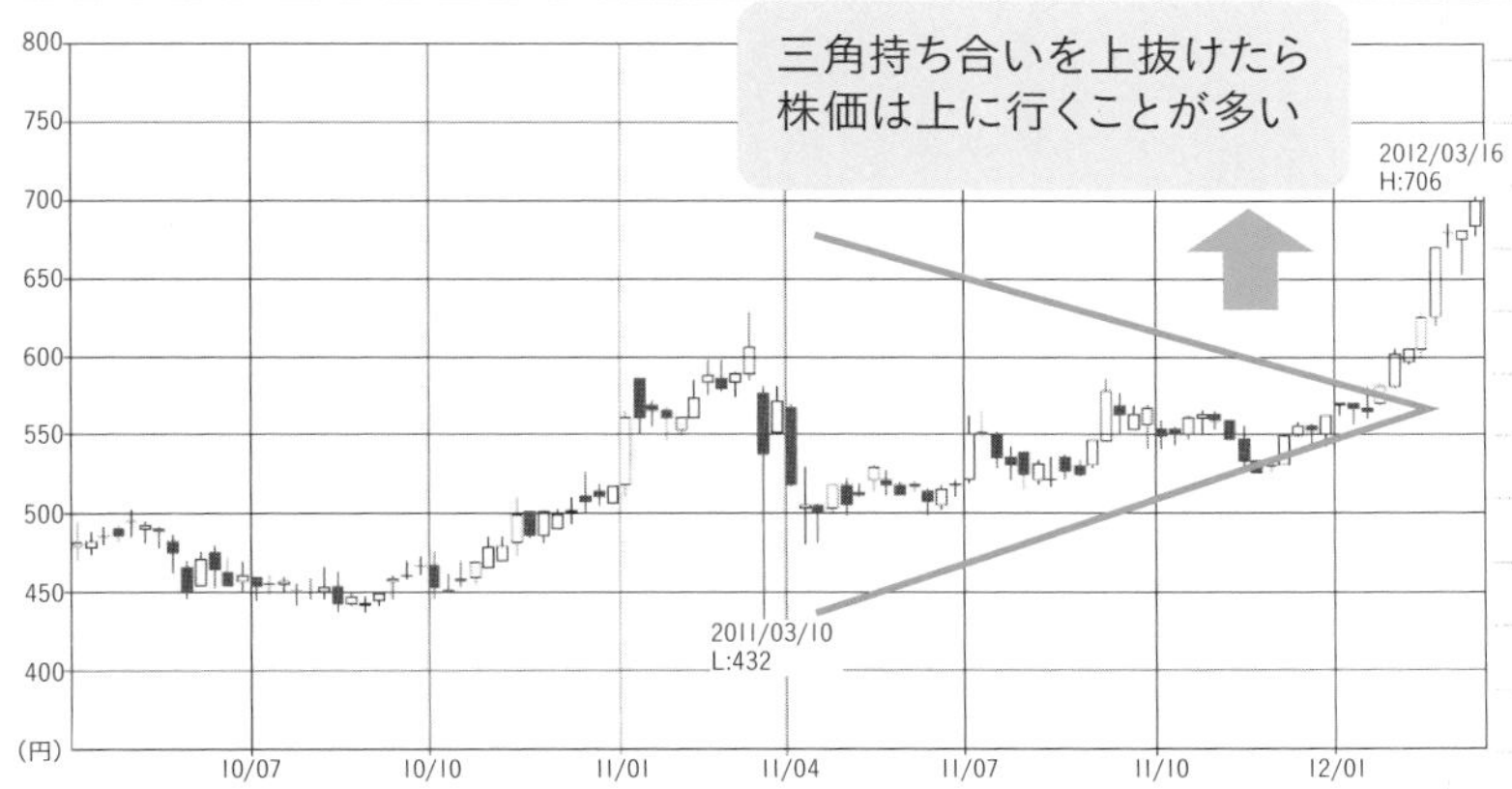

>> www9945's comment

最初はチャートを見ただけでは三角持ち合いかどうかを判断するのは難しいので、紙に印刷して自分で線を引いてみるのがオススメです。

信用分のうち、優待のランクアップを狙って900株を現引き（信用取引で買った金額分、現金または株券で決済すること）した。

東祥の10月の平均出来高は1日1万1300株。それ以上の株数を保有していたのだから、売るときにさっと売れないリスクは高い。値段を崩さずに1万2800株を売り切ろうと思えば、少なくとも3日はかかるだろう。

小型株は売買高が低いため流動性にリスクがあるといわれる。この流動性リスクを嫌う人もいるが、株価が上がれば商いも急増してくるので、そこで売ればいいというのが私の考え方だ。

11月になると株価が1000円台に乗ったので、約3分の2に当たる8800株を売却した。利益は244万円。

残りの信用買い分は4000株で単価682円。株価は1000円台だから、これだけ含み益があると、身動きが取りやすい。

1000円を突破すると値動きはまた軽くなり1100、1150円と上昇したが、PERが15倍に近づいてきて割安感が薄れてきたので、信用分の一部を現引きし、現物5700株、信用1200株と守りを固めた。

12月に株価は1250円をつけたところで信用分をすべて、現物も1000株を残して処分し、東祥はタワーから土台へと戻っていった。1000株は言うまでもなく優待狙いだ。

最初に信用で買ったのが6月だったからちょうど半年だ。東祥がタワーにいる間に稼いでくれた利益が512万円。タワー部分ではこんな感じで取引している。

信用取引の注意点とピラミッディング

次に信用取引で売買するときの細かな注意点をお話ししたい。

銘柄については、東祥のように土台にある銘柄の中からタワー部分へと昇格することが多い。すでに自分で保有している銘柄はチャートを見る機会も多いから、上がりそうかどうか、気づきやすいというのもあるからだろう。

それに加えて世相、時流を考えて銘柄を探していくこともある。よくやるのは相場の上昇局面での証券株狙いだ。相場が盛り上がるときには証券会社の株が買われやすい。だからアベノミクスが始まった初期は高木証券(当時)やアイザワ証券といった銘柄をタワー部分の銘柄として取引していた。

これは経験則なのだが、最初から期待してタワー部分に組み入れた銘柄よりも、最初は土台にあり、途中から積み増した銘柄のほうが成績はいい。それだけ銘柄のことを知っているからかもしれない。

買いどきだが、月足・週足・日足のそれぞれ移動平均線の上に価格があると望ましい。週足がゆるやかに上昇していると最高だ。

東祥もそうだったが「三角持ち合い」は好きな形だ。これを見つけるとよく狙って取引する。上放れた日に買うこともあるし、三角形を抜ける価格の1円上に逆指値の買い（株価が上がって、何円以上になったら買い）を入れておくこともある。ただ逆指値での買いは控えめな株数にしている。売り玉をぶつけられやすく、高値づかみになることもあるからだ。

というのも、三角持ち合いをしている株の価格は、過去の高値水準であることが間々ある。前にその価格で買った投資家がその後株価の下落のせいで、その株をずっと塩漬けしていて、上がったところで、「やれやれ、この株とこれでお別れできる」とばかりに売り注文を出してくるからだ。

そういうわけで過去の高値は私も強く意識するし、市場からも強く意識されるポイントだ。東祥の750円のように、高値の抵抗線をブレイクして跳ね上がることも多いので、ここも狙いどころとなる。逆に抵抗線手前で跳ね返されてしまうこともあるので注意が必要だ。

資金管理では、「ピラミッディング」が大切だ。「ナンピン」はしない（176ページ参照）。最初にある株を1000円で100株買って、1200円になったとき、もう100株を買い増すのがピラミッディングだ。利益が乗っているときにさらに株数を少しずつ増やしていくことから「利乗せ」とも呼ばれる。私の場合、通常のピラミッディングに少しアレンジを加えている。株価が上がれば上がるほど、買い増しする株数を減らしていくのだ。最初にある株を1000円で300株買って、1100円に200株、1200円にもう100株を買い増すといった具合だ。そうするのは、平均買付価格の上げ幅がゆっくりになるからだ。株価が下落したときも、含み損に転落するリスクを最小限に抑えられる。

また、株価が下落した際は高値で買ったものから処分するようにしている。先ほど挙げた例でいうと、株価が1200円から1100円に下がったときには1200円100株で信用買いした建玉を返済売りする。こうすることで平均買付価格が低い状態を維持するように努めている。現物取引の場合は複数回にまたがった「買い」は銘柄ごとに合計されて平均買付価格が出るが、信用取引は返済期日や経費の金額が場合場合で異なるため、取引したときごとに株が管理されている。だからこそできる技である。

一方で、1000円で100株買って、800円に落ちてしまったとき、もう100株を買い増すのがナンピンだ（第2章46ページ参照）。平均単価は900円になるので、収支トントンの水準まで持っていきやすくはなるが、そもそも株価が1000円から800円まで落ちているのだから、その先900円まで戻すより、さらに下げる可能性のほうが高い。さらに下がれば株数が増えている分、損失額も大きくなる。ナンピンは破滅への道でしかない。

信用取引でのナンピンは絶対にしない。厳禁だ。

ナンピンよりもピラミッディングを

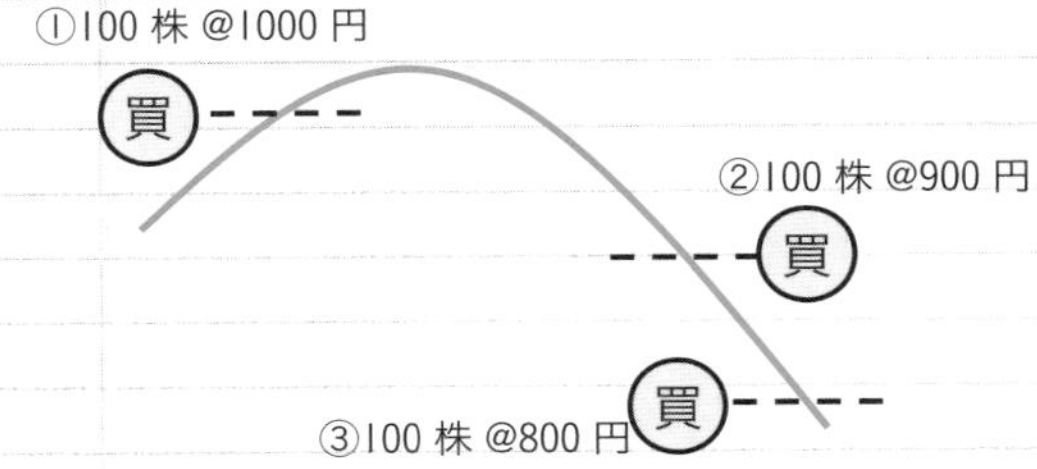

【ナンピン】
買い①100 株 1000 円で購入
→思惑に反して下がってしまう
買い②100 株 900 円で購入
→損益分岐価格は 950 円に
買い③100 株 800 円で購入
→損益分岐価格は 900 円に

株価下落とともに株数が増え、さらなる下落でのダメージも大きいので絶対にやらない！

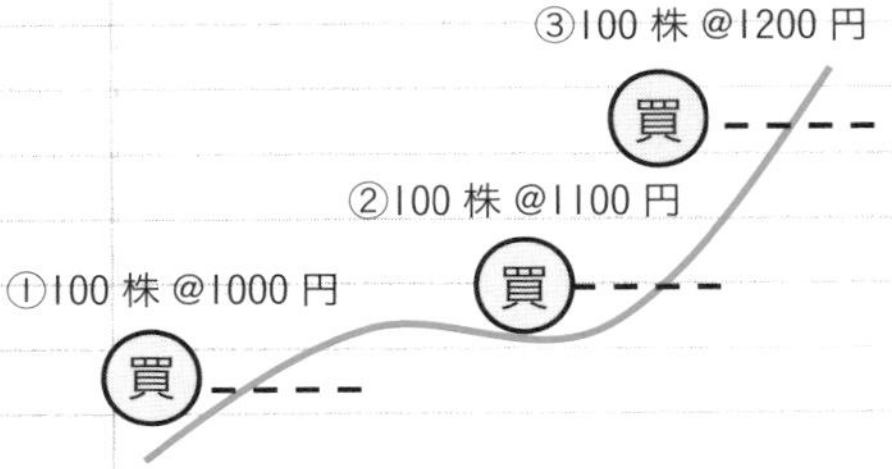

【ピラミッディング】
買い①100 株 1000 円で購入
→思惑通りに上昇
買い②100 株 1100 円で購入
→損益分岐価格は 1050 円に
買い③100 株 1200 円で購入
→損益分岐価格は 1100 円に

買い①の含み益があるので高値追いで買っても損益分岐価格は有利になる。さらなる上昇で大きな利益が狙える。

»www9945's comment

ピラミッディングは上昇局面での買い増し、ナンピンは下落局面での買い増しとも言えます。やっていることは同じ「買い増し」ですが、ポジション管理の観点からでは意味がまったく違います。しつこいようですが信用でのナンピンはしません。

私がナンピンをするのは、資産面のバリューに着目して買った株が、数年間経ってさらにバリューになったときだけだ。ナンピンするまでに充分な期間を空ける。

もう一度言うが信用でのナンピンはしない。

10％下がったら損切り

信用取引では素早い損切りも大切だ。私の損切りラインは、その日の終値が買値から10％下になったところだ。

ここを抜けてしまったら、板も何も見ず、翌日の寄り付きで機械的に損切りする。小型株だろうが板が薄かろうが関係ない。

板が薄いときに株価がどんどん上がることはあるが、逆もまたしかりで、板が薄いからどんどん下がることもある。板の薄さが気になって損切りが遅れると、致命傷になりかねない。

さて、本書では成功例を中心に紹介しているから、私が連戦連勝のように思えるかもしれないが、もちろんそんなわけはない。むしろ勝率は極めて低い。

10銘柄あったら、そのうち8銘柄は損切りで終わっている。損切りして、再度買ってまた損切りして、また買って、と繰り返すこともある。振り返って見るとバカらしい取引だが、機械的に損切りしているから仕方がない。

板とは

売気配株数	気配値	買気配株数
–	成行	–
200	4,440	
100	4,435	
900	4,430	
1,200	4,425	
3,200	4,420	
3,200	4,415	
1,800	4,410	
500	4,405	
	4,400	900
	4,395	1,300
	4,390	1,700
	4,385	1,500
	4,380	400
	4,375	800
	4,370	500
	4,365	100

売買最低単位程度の気配株数がポツポツと並んでいるだけのときは「板が薄い」、逆に気配株数が非常に大きいときには「板が厚い」と言います。

≫www9945's comment
板というのは売り注文の指値と買い注文の指値が示された「気配値」の一覧のことです。これをずっと眺めていると、ついいらない売買をしてしまいたくなります。

またポートフォリオの比率で1～3位を占めるような超主力の銘柄では、25日移動平均線を割ったところで、必ず一部を処分している。利益確定になるのであれ損切りになるのであれ、気にせずこれも機械的に行っている。

超主力銘柄は株数も多いので、逃げるのに時間がかかる。剣先は細かく動かしておき、いつでも逃げられ、買い増せるようにしておくべきなのだ。

10％での損切りを厳守し1回の失敗は数万円程度の傷で留めておいて、2割の勝ち銘柄ではピラミッディングしながら、数十万、数百万と多くの利益を狙っていくというイメージだ。

だから信用取引でいい勝負ができているときは配当や優待狙いの銘柄の買いは手控えて、資金を信用取引の担保に回す。剣先を細かく動かせるように、だ。

取組倍率で見る株価上昇のサイクル

信用取引で売買するときは、「信用取組倍率」にも気をつけておく必要がある。

信用買い残と信用売り残の比率が信用取組倍率で、これが2倍なら信用買い残が2に対して、信用売り残が1ということになる。信用買い残はいつか必ず売りに変わるから、この数字が大きいほど潜在的な売り圧力が大きいということになる。信用の取組の公表は通常、週1回だ。

ヤフーファイナンスの個別銘柄の「詳細情報」の画面の一番下のほうに「信用取引情報」とし

信用取組倍率の見方

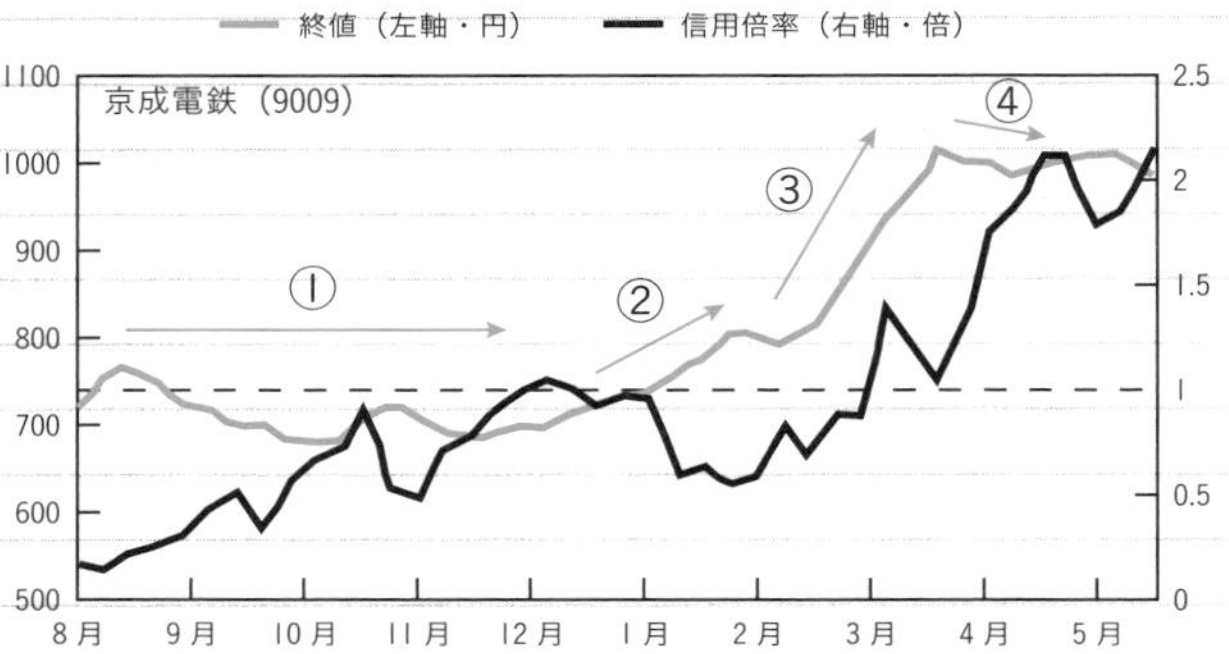

①信用取組倍率は恒常的に1倍以下。この間、株価はジリ安。
②12月に安値をつけて、信用買残も急減、倍率が低下するが、そこから徐々に買残が増加、株価もジリ高へ。買うならこの場面で。
③倍率が1倍を超えるほどに買残が増え、株価も急騰していく。ピラミッディングを考慮する。
④売り手の損切りも巻き込んで倍率が2倍を超えるまでに株価が上昇してひと相場終了。ポジションは手仕舞いへ。

例：サンドラッグ（9989）の信用取組倍率（2013年5月21日）

信用データ			
信用売残	38,900	前週比	600
信用買残	22,000	前週比	-2,200
貸借倍率	0.57倍	信用/貸借	貸借

1倍を切っているときは「買い」より「空売り」が多い証し。

信用買残の増加傾向はここで見ます。

»www9945's comment

私の場合は、週足がゆるやかに上昇しているとともに、信用買残も増加傾向にあるかどうかを確認することが多いです。

て出ているので、気軽に確認できる。

株価が上昇するときは「現物の買い・信用の買い・信用売りの買い戻し」と、3つの買いがともなってくれると、株価上昇の勢いもつきやすい。

最初に3つの買いが株価水準を引き上げ、株価水準の上昇は信用取引による買い手たちの担保価値を増大させてくれるから、私がやるようにさらなる利乗せでの買いを生み、もう一段の上昇をもたらす。

一方では上昇を見て「上がりすぎでは」と信用売りも発生してくるが、もう一段の上昇局面では売り手たちが買い戻してくる。これが最後の急伸を生む。このときにはもう逃げる準備をしておかないと危ない。

相場が今、このサイクルのどこにあるかを取組倍率から意識している。

維持率は100%が目安

こうして資金管理面についてお話ししてきたが、私はあまりこれが得意ではない。というのもバリュー投資家を名乗っている割に非常にリスクの高いことをやっているからだ。これでもいちおうは信用取引では「信用維持率」に注意している。信用維持率の目安は100%だ。信用維持率100%とは、要は100万円の担保に対して100万円分のポジションを取っている状態だ。ちなみに私はと言うと、100%を割っていることが多い。

先ほど例に出した東祥では、売買期間はちょうど半年だったが、これには理由がある。制度信用取引の期限が半年だからだ。ちなみに信用取引には証券会社と投資家の間で行う一般信用取引というのもある。こちらの期限はもっと長期間なのだが、制度信用よりも日歩《ひぶ》（利息）が高いのでほとんど用いない。

さて、制度信用を用いている場合、大きく利が乗っていて、もう少し伸ばしたいと思っても半年が経てば、返済売りをするか、現引きするかの判断を迫られることになる。利を伸ばしたいなら現引きすればよいのだが、ここで私のリスク性向の高さがネックとなってくる。

現引きしようにも、たいていキャッシュポジションがゼロのフルインベスト状態だから、現引きできないのだ。仕方ないので、古いほうから（コストの安いほうから）順番に3つくらいのポジションと、新しいほうから（コストの高いほうから）順番に3つくらいのポジションを処分することになる。そうやってキャッシュを作って、残った真ん中くらいの単価のポジションを現引きするわけだ。

信用ポジション期限到来時の考え方

購入単価	株　数	
670円	500株	①低コストグループ
700円	5000株	
730円	500株	
750円	5000株	②中コストグループ
900円	1000株	
950円	2000株	③高コストグループ
1050円	2000株	
1200円	1000株	

この状態で信用取引の期限が到来し現引きか決済を迫られたら――。

【理想】すべてのポジションに充分に含み益が乗っているのであれば、コストの高い②と③を処分してキャッシュを作り①を現引きし、余裕のある状態でさらに利を伸ばす。

【現実】高コストグループまで利が乗っていることは少ないので、その場合は③と、多くの利が乗っている①を処分しキャッシュを作り、②を現引きする。

»www9945's comment

理想をいえば、単価の低い古いポジションは残しておきたいのですが、そうすると儲かり具合が少なく、現引きするだけのキャッシュを作れないため、苦肉の策なのです。

動くチャートを見ると目が潰れる！

ここで信用取引で大切なことを伝えておきたい。

信用取引ではザラ場を見ると目が潰れる。

目が潰れるとはさすがに言い過ぎかもしれないが、ザラ場中のピコピコと動いているチャート、板を見るとつい余計な取引をしてしまう。私の場合、平日は仕事があるのでザラ場を見られる日は少ないが、代休などで昼間からチャートを見ているとつい売買してしまうが、慣れないことをしてもロクな結果にならない。

日頃からザラ場を見られる人なら話は別だが、通常見られない人が見ても良いことはないのがザラ場だ。

それに場中の価格よりも寄り付きや引けの価格のほうが、はるかに意味がある。

「こんな信用取引はやってはいけない」で考えると、信用2階建てについては第3章でも書いたと思う。ＪＰＮ債権回収で学んだ教訓だ。

信用取引はただでもリスクが高い。現物を担保にして同じ銘柄を買い増すような2階建ては一瞬で資産を失うリスクをはらんでいる。

また制度信用の期限である半年を過ぎても利益が出ていないようなら、さすがにおかしい。銘柄選びを間違えているか、時期を誤っているか。いずれにしろいつまでも固執せずにいったん撤退し、考え直すべきだ。

買い増しのタイミングでは、ナンピンが禁物なのはすでに述べたが、週足の中期線（75日移動平均線）よりも下に株価があったら買い増してはいけない。買値よりも上であったとしても週足の中期線を上に抜けていくのはなかなか大変だ。株価はしばらく停滞する可能性が高い。週足の中期線よりも株価が上にあるときにピラミッディングをして欲しい。

信用取引ではファンダメンタルズだけで取引しないこと。半年をメドに結果を出さないといけないので、チャートや需給（信用取引の取組）を見ることが必須だ。株価が強力な抵抗線に抑えられているとき、需給が悪いときに買ってしまうと、成果が出るまでに時間がかかる。需給やチャートに改善の兆しが見られたときが買いどきだ。

株価高騰に「ついていきつつ逃げる」ポジション管理法

相場は時として異常な強さを見せることがある。

本書を書いている今の相場もまさにその好例だ。割安性や配当面で買える株が市場から消滅してしまうので、チャートを使った取引が多くなるのだが、そんなときに使える「過熱相場についていくウェイトコントロール法」がある。

5日線でも25日線でもいいのだが、保有している株が短期の移動平均線に沿って上昇してい

急騰へ「ついていきつつ逃げる」ポジション管理

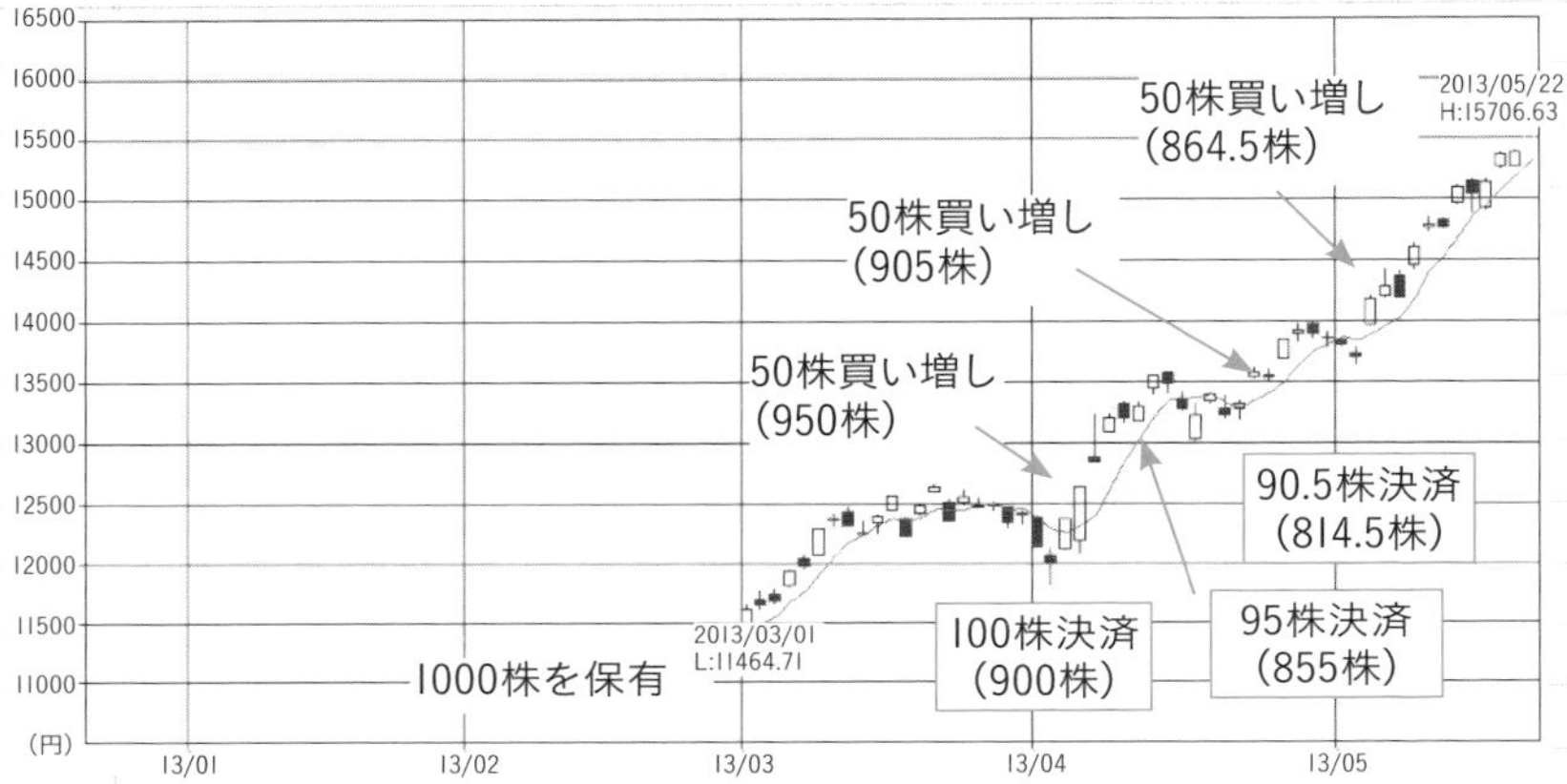

5日線を基準にして、次のルールに従ってポジションを調整していく
・5日線を割ったら「手持ちの10%」を処分
・5日線を上抜けたら「当初保有量の5%」を買い増し
これにより、保有量を少しずつ減らしながら急騰についていくことができる

>> www9945's comment

高値を更新していくような相場に何もせず保有したままで、(相場に)ついていくと恐怖心が高まります。でもこのやり方だと一部を利益確定しながら、だんだんとポジションを落とせていけるので、心理的な負担は小さいのです。

るようなとき、細かくポジションを調整しながら上昇についていく方法だ。

5日線に沿って上昇していたとしよう。保有株数を100としたとき、終値が5日線を割ったら「手持ちの10％」を処分する。100の10％だから残りは90だ。その後、再び5日線の上に抜けたら、「5」（初期保有量の5％）を買い戻して、95にする。

後はこの繰り返しだ。5日線を次に割ったら「95の10％」を処分するから85・5になる。5日線を上抜けたら「5」を買い戻して90・5に。5日線を下抜けたら「90・5の10％」を売って、81・45に。5日線の上抜けで「5」を買い戻して86・45にといった具合だ。

これの何がよいかというと、売るときには「現在の保有量に対しての10％」を処分するのに対して、買う量は「最初の保有量の5％」だけだから、だんだんとポジションは減っていく。

アベノミクス相場では、このやり方でだんだんと撤退の準備を進めていた。

欲望のコントロールができなければ、いつかはくる相場の終わりと心中してしまうから。

もう心中はこりごりである。……好きな女性とだったら一瞬考えてもいいかな。

第7章

資産2億円到達！掃除夫からの転向

2億円で利回り3％なら月40万円の配当収入に

アベノミクスで人生が変わる

「部長になる気があるなら今から仕事を引き継いでいってもいい」

「ありがたいお話ですが、資産1億円を突破したら会社を辞めて配当金生活をしたいので……」

部長と私がそんな会話を交わしたのは08年。資産が2000万円台だった頃のことだ。1億円なんてまさか、と部長はタカをくっていただろう。

それから5年——。13年末に資産2億円を突破した。

アベノミクスによる株高の恩恵でもある。「異次元緩和」と呼ばれる金融政策が始まると、私は「1980年代の土地バブルが再来するのでは」と連想して、不動産を保有する資産バリュー銘柄に資産の半分以上を傾けていった。各社が保有する不動産を一覧表にしていたくらい、不動産へ傾注していった。

資産2億円なら、配当利回り3％ならば税金を考慮しても月40万円の配当収入は確保できる。「もういつでも会社を辞められる」と思うと、私の労働意欲は急低下していった。

退職したのは2014年9月。勤続21年の退職金はわずか53万円だったが、その程度の金額だろうと察しはついていた。

私の上司が取締役になったとき、経営陣に入ることになるため退職金が支払われたのだが、その上司は「奥さんから『臨時ボーナスが出たの？』と言われたよ」と愚痴っていた。40年間勤めてもわずか100万円だったそうだ。

退職してからしばらくは、朝になるたびに感謝していた。「神様！ 会社に行かなくていいんですね！ ありがとうございます」と。それが1年近く続いたのだから、どれほど会社が嫌だったのか……。

ただ、朝になると「もっと寝ていよう」という意思とは裏腹に足はビクビクと動いていた。朝になれば会社へ向かうものだと足が覚えてしまったのだろう。足のビクつきが止まったのは大雨の朝だった。足もとを濡らしながら会社に行く必要はもうないんだと思った瞬間、「勝った！」と叫んでしまった。立派な無職の誕生だ。

退職した翌月の給料日は、間違えて振り込まれていないかと、思わずATMへ確認しに行ってしまった。20年以上もらっていた給料が振り込まれなくなることへの恐怖は想像以上に大きかった。

私の勤務先の取り柄は17時半には退社できること、上司に飲みに誘われないこと、正社員で福利厚生がまともだったこと。ホワイトな職場ではあったが、デメリットは給与水準の低さだった。入社当時の手取り26万円は上がるどころか22万円へと落ち込み、ボーナスも2カ月分から1カ月分へと削減された。

そんな給与でも、定期的にもらえていたことの精神的な安定がいかに大きかったかを思い知った。

ただ、そんな給与だからこそ、巨大な危機感もずっと抱き続けていた。

「この職場に安住してはいられない。給料は安いし、退職金も当てにならない。何とか自力で活路を見出さなければ」と。その活路が株式投資だった。

銘柄発掘の場はなぜ池袋なのか

前著『年収３００万円、掃除夫の僕が1億円貯めた方法』（宝島社）の発刊から２０２４年までの間に起きた大きな変化が新型コロナウイルスだ。パンデミックの発生は街角に、そして私の投資にも凄《すさ》まじい影響を与えた。

私が銘柄を発掘するうえで「気づき」を与えてくれるのは街並みの変化だ。とりわけ池袋の街は30年以上も継続してウォッチしている。池袋の変化は日本全体の変化を先取りして教えてくれる格好の投資材料だ。

なぜ池袋なのか――。それは池袋が「ちょうどいい」都会だからだ。渋谷だとトレンドを先取りしすぎることがあるのでうまく投資のピントが合わない。

というのも、企業が新たに先進的な展開を行うとき、渋谷に実験店を出すことがある。渋谷での消費者の反応を見ながら今後の展開を試すわけだ。そんな実験店を見て投資を考えると、判断を誤ることがある。あくまでも実験店だからだ。

その実験店が成功して、本格展開しようとなったとき、次に出店する候補地として挙がるのが池袋や新宿だろう。

そうであれば新宿を定点観測してもいいのだが、私にとって新宿は広すぎる。数時間で回りきれないし、新宿という街は懐《ふところ》が深い。西新宿はビジネス街や電気街があるし、歌舞伎町は風俗街、3丁目は伊勢丹をはじめとした大型店が集積し、2丁目には独特な嗜好《しこう》を持った人が集まり……エリアによって個性や集《つど》う人が違う。

街の広さ、人の集《あつ》まり具合、集まる人の感度、街のごった煮感、企業が出店する早さなど、さまざまな面でちょうどいいのが池袋だと思う。

龍安寺の惨劇――コロナ禍でのパフォーマンス低下

そんな池袋から人を消し去ったのがコロナ禍だった。

コロナショックで株式市場が大暴落した20年3月、私は京都・龍安寺にいた。石庭《せきてい》で有名な

京都龍安寺。まったく心が安らがなかった。悟るにはほど遠い……。

日本を代表する禅寺だ。

しかし、暴落する株価を見ながら私はスマホで株アプリを操作していた。

「このままでは死んじゃう……！」

暴落により信用維持率が70％台まで低下していたからだ。信用維持率が30％を割り込むと「追《お》い証《しょう》（追加証拠金）」の入金が必要になる。私のキャッシュ（現金）比率はいつもほぼゼロ。追証を求められても入金できる現金はない。

追証を入れられないと保有株を切られてしまうが、追証が発生するほどの暴落の底で売らされるのはたまらない。絶対に避けたい事態だ。

「信用維持率をせめて90％台に戻さなければ」。そう思い、信用取引で買ったポジションを処分していった。かのスティーブ・ジョブズも眺めながら思索にふけった石庭だというのに、私は煩悩と邪念に心を支配されていた。

だがその投資行動は結果的に大間違いだった。

龍安寺で処分した平和不動産は底値から2・8倍へ、スシローはコロナ禍でのテイクアウト需要にうまく対応したことから4・3倍へと急騰していった。そのまま握っていれば、今頃、資産は10億円へと達していただろう。

なぜ慌てて処分せざるを得なかったのか、信用維持率が70％台へ低下する前に対応できなかったのか？

原因はコロナショックの「速さと深さ」だ。

00年以降の3大ショック（ITバブル崩壊、リーマン・ショック、チャイナショック）はいずれも半年前後の時間をかけて30～50％ほど下げていった。その半年の間にはいずれもリバウンド局面があり、逃げることができていたのだ。

ところが、コロナショックでは30％下落するのに要した時間はわずか25日しかない。しかもリバウンドらしいリバウンドもない直線的な下落だ。逃げ場のないままに下げていったために起きた「龍安寺の惨劇」だった。

東京へ戻ると、非常事態宣言が発出された。それから3年間、街角ウォッチがいかに有効だったかを思い知らされることになる。

コロナ禍の池袋

コロナ禍では池袋から人が消えた。街角ウォッチといっても人がいるのは「焼肉ライク」と「銀だこ」くらいのもの。「1人焼肉」と「テイクアウト」だ。それはそれでコロナ禍での街並みの変化を象徴しているとはいえるが、投資のヒントにはなりそうもない。新たな銘柄のヒントを与えてくれていた人波は街から消えてしまった。

経済は止まっても投資を止めるわけにはいかないのが専業投資家だ。

「あの会社のトラック、よく街で見かけるな」と着目したのが物流企業のSBSホールディングスだった。巣ごもり消費によりインターネット通販が活性化し、SBSホールディングスの倉庫などへの需要も高まるだろうと見込んでいた。

確かに業績は拡大し株価も上昇したのだが、ピーク付近で大きく買い増ししてしまい、成長の鈍化が明らかになった22年8月に最後の1000株を処分した。収支トントンでの撤退だ。

同じようなことはサイバーエージェントでも起きた。

メディア事業の「AbemaTV」は年200億円の赤字を出していたものの2年後には黒字化する勢いがあり、ネット広告事業の成長も期待できたため、ポートフォリオをサイバーエージェントに傾けていった。

モバイルゲーム『ウマ娘』の大ヒットもあり株価は上がってくれたのだが、その後は反落。

欲張った結果、売りどきを逃したまま現在に至っている。

ＳＢＳホールディングスやサイバーエージェントなど「ポートフォリオは傾けてなんぼ」を実践しても、資金を集中的に投下した銘柄がうまくいかない状況が続いていた。街角ウォッチが実践できなくなり、ネットや四季報頼みになっていたことの影響がじわじわと私の資産を蝕《むしば》んでいった。

固定費見直しで手に入れた新たな〝武器〟

この頃、生活面では固定費の見直しも行っていた。固定費の削減は投資資金を増やすことにもつながるため、とくに投資資金が少ないうちは有効だ。

しかし、家で過ごすことが増え、ｉＰａｄを使い始めたり、サブスク型の便利なサービスが増えたこともあり、このときの見直しでは財布のひもをゆるめることになった。

日経新聞は紙から電子版へ、書籍は購入から電子書籍の読み放題サービスへ、固定電話や使えない有料メールマガジンは解約した。スマホはＵＱモバイルから株主優待を利用して「ＬＩＢＭＯ」へと変更した。ＴＯＫＡＩホールディングスを５０００株保有すると、月１８８０円の割引が受けられるからだ。

株では四季報オンラインの有料会員を解約し、「株探《かぶたん》」のプレミアム会員に登録した。最大

25期分の業績を時系列で一覧表示してくれることの利便性に気づいたからだ。

それまでは長期的な業績の推移を見ようと思えば、自分で決算書を遡りながらエクセルなどに転記するしかなかった。それが「株探」ならば、数タップするだけでさっと見られる。最高に便利だ。

たとえば日本エム・ディ・エムという会社がある。人工関節などを販売する会社だ。以前はアメリカから製品を輸入する代理店だったが、M＆Aなどを通じて自社で開発・生産するようになっていった。

こうした事業構造の転換により利益率はどう変わったのか。代理店時代はじりじりと下がっていたのだが、自社生産の比率が上がるにつれて高まっていった。それに気づくことができたのは、長期的な業績推移を一覧できたからだ。

「株探」の導入は、私にとって大きなメリットだった。

総じていえば、このときの固定費見直しは「紙からインターネットへ」「保有からレンタルへ」という社会の流れに即した形となっていた。固定費は月5000円程度の支出増加となったが、ムダな支出増ではなかったと思う。

中間層向けのお店が池袋から消えた!

新型コロナウイルスは日本屈指の繁華街を日々、侵食していった。

私は変わらず街角ウォッチを続けていたが1軒、また1軒と店がたたまれていく様子に胸が痛んだ。

普段ならば「空いた店舗を次に埋めるのはどんな業態か」は重大なヒントになる。コロナ禍ではテナントが埋まらず空いたままの店舗も多かったのだが、埋まった店舗には気になる変化があった。

ひとつは業態ががらっと変わり、テイクアウトや立ち食いなど、安価な飲食店への交代だ。駅前のコンビニエンスストアは「おいしい! 早い! 新しい!」をうたう餃子の王将の新店舗となり、雑貨店だった場所には立ち飲みバーが入った。

それまで多かった中間層を狙ったようなお店が激減したのも印象的だった。

とんかつの「松のや」は高級ジュエリー店へ、吉野家は漢方薬局へ、定食の松屋は高級ブランドの買い取りに特化したリサイクルショップの「ブランディア」へ、チョコクロがウリの「サンマルクカフェ」は1時間5500円の整骨院へ、格安焼き鳥屋は楽器店へと変わった。

後に入ったのは利益率の高そうなお店ばかりだ。調べてみると、7店舗のうち5店舗がより利益率の高い業態へと変わっていた。

「多くのお客さんに・薄い利幅で」の商売から、「少ないお客さんに・厚い利幅で」の商売への変化だ。

コロナ禍で街をそぞろ歩く人が減ったことで、「どうしてもそこへ行きたい」という人を相手にした業態でないと成り立たなくなったのだろう。そんな変化に気づいてはいたものの、投資のヒントになるかというと、まだ私にはピンときていなかった。

池袋で定点観測しているスポット

池袋の中でも私がとくに注目していた場所がある。池袋駅北口から徒歩30秒という超好立地にある店舗だ。

本書でもすでにお伝えした場所ではあるが、ここは1990年代には和光証券があった。個人的には平日に池袋へ寄ったときに株価をチェックできる便利な店舗でもあったが、株といえばバブルの象徴だ。

バブルが崩壊し株式市場が低迷した2000年代にはクレジットカードのATMが密集することになった。銀行の不良債権問題の処理が長引き、日本人の金回りが悪くなったため消費者金融や信販会社からキャッシングする人が増えたのだろう。しかし、それもグレーゾーン金利の撤廃など法規制の強化により徐々に廃《すた》れていった。

私が注目している場所にあった「おかしのまちおか」。2011年から10年間営業していた。

その後に入ったのが「おかしのまちおか」だ。

背景にあったのはインバウンド消費。安価で安全だし、美味しい日本のお菓子は外国人観光客にとって格好のお土産だ。それを調達するためのお店として「おかしのまちおか」は支持された。

コロナ禍で観光客が途絶したことは「おかしのまちおか」にとって特大のダメージだったのだろう。21年に閉店してしまった。

バブルとその崩壊、不良債権問題、インバウンドと社会情勢を映す鏡となってきた店舗を次に埋めるのは、どんなテナントなのか――。

そこに投資のチャンスがあるはずだと待ち構えていたが、一向に埋まる気配がない。繰り返しになるが、池袋駅北口から徒歩30秒の超絶好立地だ。それにもかかわらず埋まらないままの景色。コロナ禍のダメージがいかに凄まじいかを実感した。

今の時代を映す投資対象が現れるのはいつなのか……。そんな思いでイライラしながら「おかしのまちおか」跡地を見ていたのは、おそらく自分1人だけだろう。

やっと埋まったのは1年後。埋めたのはブランド古着のリサイクルショップだった。運営するのは東京を中心に展開する非上場の企業だ。

「なるほど、リユースか！」

長引く不況にコロナ禍が追い打ちをかけ、消費者の購買力は低下している。一方でリユース店が定着し、古着への抵抗感は薄れているのだろう。そんな時代を象徴していると感じて、同業の「セカンドストリート」を運営するゲオホールディングスや「格安スーパー」の大黒天物産、ディスカウントストアを展開するトライアルホールディングスをポートフォリオに加えていった。

やっと見えてきたアフターコロナの変化の兆しに満足感を覚える一方、「リユースであれば私たちの暮らしはよくならなそうだ」と複雑な思いも抱いていた。

ノーマスク解禁後に激変した街並み

池袋の街並みが再び激変したのは23年3月13日だ。

厚生労働省のガイドラインでは屋内ではマスクが「原則着用」とされていたが、この日を境に屋内・屋外を問わず個人の判断に委《ゆだ》ねられることとなったのだ。

ノーマスク解禁後の池袋で私を待ち受けていたのはこんな光景だ。

【２０２３年４月28日午後３時の気づき】

カラオケや喫茶店でアニメとコラボするお店が増えている。強いＩＰ（知的財産。アニメやゲーム、漫画などのキャラクターなどを指すことが多い）に訴える戦略だろうか。以前のようなモノそのものを買うのではなく、モノにまつわる思いや想像を買う「コト消費」への移行を感じさせる。

アニメコラボのカフェに来ている人の目当ては明らかにコーヒーではない。馴染みのあるＩＰで関心を引いてマッチングさせる戦略はパチンコを連想させる。馴染みのあるキャラクターでパチンコ台に座らせ、絶え間ない音と光の奔流《ほんりゅう》を浴びせることで依存させていくのがパチンコのやり方。

同じように川上にあるコンテンツを利用して、川下にあるカラオケや喫茶店へと誘導する戦略だろうか。

池袋は「秋葉原化」してきているのかもしれない。

ノーマスク解禁後の池袋には、自分が今まで見てきた池袋とは明らかに違う光景が広がっていた。ノーマスク解禁で人であふれ、行列ができていたのだが、列に並ぶ人たちはモノを買わ

›› www9945's comment

『ONE PIECE』他キャラクターがたくさん集合したサンシャインシティの看板。インバウンド期待か（写真上）。アニメイト玄関横。待望の行列があった！この光景に出会ったのは2年ぶり（写真下）。

ず、コトを消費していたのだ。

「この行列はIPだったのか!」

そこには明らかな投資のチャンスを感じていた。ミッキーマウスが生まれたのは100年以上も前のことだが、いまだに稼ぎ続けている。それだけではない。ドラえもんは55年、ドラゴンボールは40年、名探偵コナンは30年と、それぞれ長い間、稼ぎ続けている。

しかもいったん人気を確立したIPは時代とともにリニューアルされ、新たなファンを生み出しながら、稼ぎ続けてくれる。

ドラえもんのIPを保有する会社の株を買うということは、ドラえもんの権利の一部を保有するということにもなる。

IPはこれまでテレビやインターネット、ライブ会場などファンだけが集まる閉ざされた空間にいたが、コロナ禍が明けるとカフェやカラオケとコラボレーションすることで池袋に、開かれた街角に姿を見せ始めていた。ここに大きな変化と投資のチャンスを感じたのだ。

「未知のセクター」への投資法

しかし、私にとってアニメやゲームは得意分野ではない。最初はゲームやアニメ、漫画などの関連銘柄へ投資するETFを買おうかと検討した。馴染みのないセクターへ投資するとき、たまに使う手だ。最近ではコロナ禍で米国のヘルスケアセクターへ投資したいと思っている。とはいえ米国株には不慣れなので「バンガード米国ヘルスケア・セクターETF」を買ったことがあった。

あまり知られていないが、IP関連のETFもある。「グローバルX ゲーム&アニメ-日本株式 ETF」だ。ただ、このETFは知名度が低いからか出来高が小さいし、ETFだと私の好みに合わない銘柄も買うことになってしまう。そこで、このETFの組入銘柄から良さそうなものを個別に買っていくことにした。

このETFは組入上位10社で85%ほどを占めている。

カプコン、任天堂、ネクソン、バンダイナムコホールディングス、ソニーグループ、コナミグループ、コーエーテクモホールディングス、スクウェア・エニックス・ホールディングス、サイバーエージェント、東映アニメーション――。

この中から海外資本でありブロック経済化に巻き込まれるリスクのあるネクソンを外し、会長が巨額の資産運用を行っていて損益がブレやすいコーエーテクモホールディングスも外して、残りを均等に買っていった。

「マリオ映画の成功は、他のゲームキャラクターの価値向上にも通じるものがあるのではないか」「サンリオのライセンス部門の営業利益率は70%、東映アニメは50%と違いがあるのか」

「ソニーのエンターテインメント部門（映画、音楽、アニメ動画配信など）は全売上の60％。音楽単体の利益率は常に20％前後か」など、実際に投資しながら勉強を進めていくことにもなった。

そうするうちにＩＰセクターに対する知見も貯まっていき、徐々に比率を偏らせ、また新たなＩＰ銘柄もポートフォリオに加えていった。

ＩＰ関連でようやく復活

24年時点の私のポートフォリオ順位だと4位がハピネット、6位にサイバーエージェント、7位に任天堂、9位からサンリオ、カプコン、コナミグループと上位が軒並みＩＰ関連で占められるまでになっている。

ＩＰ関連で最上位のハピネットはカプセル玩具自販機や映像・音楽ソフトなどエンタメ商材では国内トップクラスの企業だ。先ほどのＥＴＦの組み入れ銘柄ではなかったものの、池袋のいたるところでハピネットのガチャガチャに熱中する人を見たし、東京駅地下のキャラクターストリートでのにぎわいも印象的だった。また、さまざまなＩＰを扱っているため、特定ＩＰの人気に左右されない強みもあったため、資金を傾けることにした。

24年2月、ハピネットが発表した決算は期待を上回るものとなり株価が上がっていった。株式投資家にとって最高の瞬間だ。

コロナ禍で横ばいを続けていた資産が久しぶりに大きく殖えていく。

「やっと『街と株価』が実を結んだ。上位に買い増しておいてよかった。神戸物産（後述）以来5年ぶり……！」

そんな思いが去来した。

翌日はストップ高となったが、PERはまだ10倍程度。割安感は強いままだから、そのまま保有を続けている。

23年ほど街角に資金を委ねた年はない。

池袋を歩いていると、2月の寒中だというのに「ロールアイスクリームファクトリー」に行列ができている。アイス食べたさではなく、コラボ中のキャラクターグッズが目当てなのだろう。サンシャイン通りのゲームセンターでは若い女性がクレーンゲームにコインを次々に投入し、アニメグッズを狙っている。

ノーマスク解禁から池袋へ人が戻ってきて行列ができるようになり、IPセクターの強みをこの目ではっきりと確認できたことで、IPセクターへの集中投資ができたし、自分のエッジが街角ウォッチにあることを再確認することもできた。

2024年3月時点のポートフォリオ上位銘柄リスト

順位	コード	銘柄	セクター	建玉時価総額
1	9418	U-NEXTHD	通信サービス	¥83,237,000
2	7163	住信 SBI ネット銀行	ネット銀行	¥57,881,600
3	9435	光通信	事務機器	¥55,490,000
4	7552	ハピネット	玩具卸	¥50,000,000
5	8584	ジャックス	リース、消費者金融	¥43,548,000
6	4751	サイバーエージェント	メディア	¥42,551,300
7	7974	任天堂	ゲーム	¥40,444,800
8	QQQ	ナスダック 100ETF	米国 IT	¥32,844,740
9	8136	サンリオ	IP、メディア	¥31,752,000
10	9697	カプコン	ゲーム	¥28,746,000
11	9766	コナミグループ	ゲーム	¥26,975,000
12	2791	大黒天物産	食品スーパー	¥25,922,000
13	2726	パルグループ HD	300 均、アパレル	¥24,990,000
14	2681	ゲオ HD	リユース	¥24,650,000
15	6758	ソニーグループ	エンタメ他	¥24,210,000
16	2393	日本ケアサプライ	ヘルスケアサービス	¥22,735,600
17	V	ビザ A	米国カード	¥19,945,725
18	2702	日本マクドナルド HD	外食	¥19,894,000
19	5889	JEH	高級眼鏡	¥18,897,600
20	7832	バンダイナムコ HD	ゲーム他	¥18,643,200
21	4816	東映アニメーション	IP、メディア	¥17,655,000

» www9945's comment

池袋のヤマダ電機裏口の玄関前でガチャガチャを回す若い女性（写真上）。

東京駅地下にある「東京キャラクターストリート」ではちいかわが一番人気だった（写真下）。

「柔らかな麻薬」への投資

コロナ禍のときのことだ。

思うように外出できず、投資のパフォーマンスも上がらず悶々とした日々の中で依存症についての本を読んでいた。そのタイトルは『僕らはそれに抵抗できない』(アダム・オルター、ダイヤモンド社)。

昔から私のことを知ってくれている人はご存知かもしれないが、アルコールやタバコ、コーヒー、砂糖など依存性のあるモノを扱う企業は私が好む銘柄のひとつだ。とくに米国株投資では、こうした銘柄へ投資している。

タバコやお酒をやめるのは難しい。道徳的な是非はさて置き、身体的な依存性の強い嗜好品を扱っていれば今後も底堅い需要が見込め、業績が大きく下ブレすることはないのではないか、との思惑からの投資だ。

またフィリップモリスやペプシコなど高配当、連続増配といった銘柄が多いことも長期的に保有できる理由となっている。

ニコチンやアルコール、砂糖など依存性のある物質は、言葉は悪いかもしれないが、いわば「柔らかな麻薬」である。

『僕らはそれに抵抗できない』によれば、依存症には2種類あるという。「物質への依存」と「行為プロセスへの依存」だ。

これまでの私の投資はカフェインやアルコール、ニコチン、砂糖など「物質への依存」に着目していた。しかし、この読書体験を通じて、「行為プロセスへの依存」に着目してもいいのではないか、との思いを深めていた。

「行為プロセスへの依存」の代表例がギャンブルだし、性行動やリストカット、ゲームなどにも依存性がある。ギャンブルや性行動は投資に結びつかないかもしれないが、ゲームならば投資につなげられるのではないか――。

そんな思いが漠然と浮かび始めたことも、ＩＰセクターへ着目するきっかけだった。

とはいえ自分自身は『いただきストリート』や『シムシティ』で止まっているレベルの浅いゲーマーでしかないのだが……。

投資家のための「街の歩き方」

行列ができていたら「店名　株価」で検索

街角ウォッチをどう銘柄へと落とし込むか、改めて私の考え方を整理しておこう。

街で新しいお店を見かけても普通は「ああ、新しくなったんだ」くらいにしか思わないが、投資家であればこう思いを巡らせて欲しい。

「ここは前、何のお店だったっけ？」

どんなセクターが後退し、どのセクターに勢いがあるのか、原因と結果を考える重要なヒントとなるからだ。

「この行列店、投資できないだろうか？」

街でいちばんインパクトがあるのは行列。行列を見かけたときは即座に検索。ロールアイスクリームファクトリーに行列ができていたら「株価　ロールアイスクリームファクトリー」といったように「店名　株価」で検索して欲しい。

非上場の会社であることも多いが、上場していて、かつ小型株なら投資のチャンスかもしれない。

上場していれば、今後のために店舗名と会社名を頭の中で一致させ、家に戻ってから会社名を四季報で調べ、ヤフー掲示板で評価を確認し、ＰＥＲやＰＢＲ、配当利回り、チャートの形、最近の業績を調べる、といった流れになる。

人生での後悔のひとつは登場して間もない頃、「いきなり！ステーキ」の行列を目にしていたのにペッパーフードサービスへの投資を怠ったことだ。その後、株価は１００倍以上になっている。

行列はそう頻繁に遭遇するものではないが、よくにぎわっているお店、人が群《むら》がっているコーナーを目にすることは少なくない。そのときも投資のチャンスがあるかもしれない。

行列、にぎわいを目にしたときにどう投資するか。その方法は３つある。

①「行列そのもの」を買う

ひとつが「お店そのもの」を買う。先ほどのように「店名　株価」で検索し、上場していた場合だ。

かつて業務スーパーに主婦や外国人が大挙して訪れているのを見たときは「業務スーパー株価」での検索から神戸物産の製販一体型のビジネスモデルを知り、「これは食品版のユニクロではないか！」と総資産の最大45％まで投じたところ、１億円超の利益をもたらしてくれた。

こんな例もある。16年頃に主力としていた銘柄の話だ。

・若い女性のスマホの待ち受け画面が友だちと映ったプリクラの写真だった
・電車内の女性、スマホでプリクラの写真を画像補正していた
・池袋のサンシャイン通りにあるゲームセンターで歓声が聞こえた。声の方向へ足を向けると女子高生がプリクラを撮っていた。そのプリクラ機のメーカーは「フリュー」となっていた

この3景に違和感があった。プリクラに何かが起きている――。

家に戻りフリューを調べてみると営業利益36億円のうち5億円もがサブスク型の有料会員サービス「ピクトリンク」からだった。株オフ会で横に座っていた女子大生も高校生時代からずっと契約しており、毎月324円を支払っているという。携帯電話会社とも提携しているようだ。株式の売出で一時的に大きく下げていてPERは11倍と低い。

これだけの材料が揃っていたため、ポートフォリオ2位となるまで買い上がり、2倍になって売却した。

② 「行列の周辺」を買う

ただ、「行列そのもの」が上場していないケースがあることはすでに書いた通りだ。

そのときは「行列の周辺」を買えばいい。私が「行列の周辺」を買った実例はこうだ。

コロナ禍の池袋でひとり焼肉の「焼肉ライク」は数少ない繁盛店だった。

「焼肉ライク　株価」……残念、未上場か……。待てよ、焼肉ライクが流行れば無煙ロースターを卸している会社の業績も上がるのでは？　無煙ロースターの大手はどこだ？　シンポという会社か。上場している！　しかも焼肉ライクに卸している！

シンポが時価総額の大きな会社であれば、納入先の1社が流行ったからと言って業績への影響は軽微だが、シンポは時価総額100億円に満たない小型株だったから焼肉ライクの代替として買うには最適だった。

③「セクターまるごと」を買う

「行列そのもの」も「行列の周辺」も買えない、買いたい銘柄がない場合もあるだろう。

そうしたときはＩＰへの気づきで紹介したようにＥＴＦなどを使って「セクターまるごと」を買うという手があるし、その業界やセクターの活況で恩恵を受けそうな銘柄を買うこともできる。

ＩＰへの集中投資を決意したとき、私がポートフォリオに追加した銘柄のひとつにコンフィデンス・インターワークスという会社がある。人材派遣の会社だが、ゲーム・エンタメ業界に特化していることが大きな特徴だ。この特徴を知ってさえいれば、ＩＰセクターの盛り上がりでコンフィデンス・インターワークスの受注が増えるだろうと連想するのは難しくない。

コンフィデンス・インターワークスはまだ保有中だが、売上や利益、配当は思惑通り順調に伸びてくれている。

スカイツリー型投資法から富士山型投資法へ

私のポートフォリオについては第6章で「スカイツリー型」のポートフォリオと紹介した。高配当銘柄や優待銘柄などの長期保有で固めた土台の部分があり、その上に旬のテーマや業績などに応じて頻繁に入れ替える集中投資のタワー部分が乗っかった形のポートフォリオだ。

土台の部分は「広く・浅く」で100社以上の銘柄で構成され、数は多いものの株数は最低単元、タワー部分は「狭く・高く」で10社にも満たないものの、1社当たり1000万円ほどを集中投資するイメージでもある。

このポートフォリオの「型」は現在、「富士山型」へと変化している。

理由は簡単だ。資金が殖えるにつれて、タワー部分の銘柄を増やさざるを得なくなったためだ。以前のようにタワー部分を5～10社で構成していたら1銘柄当たりの投じる資金量が1億円近くになってしまう。リスクが大きいし、小型株だと流動性の問題にも直面してしまう。何より上位銘柄に1億円も投じていては私のメンタルがしんどすぎる。

ということで現在は「狭く・高く」だったタワー部分の銘柄数を20社ほどに増やしている。

富士山型ポートフォリオとは

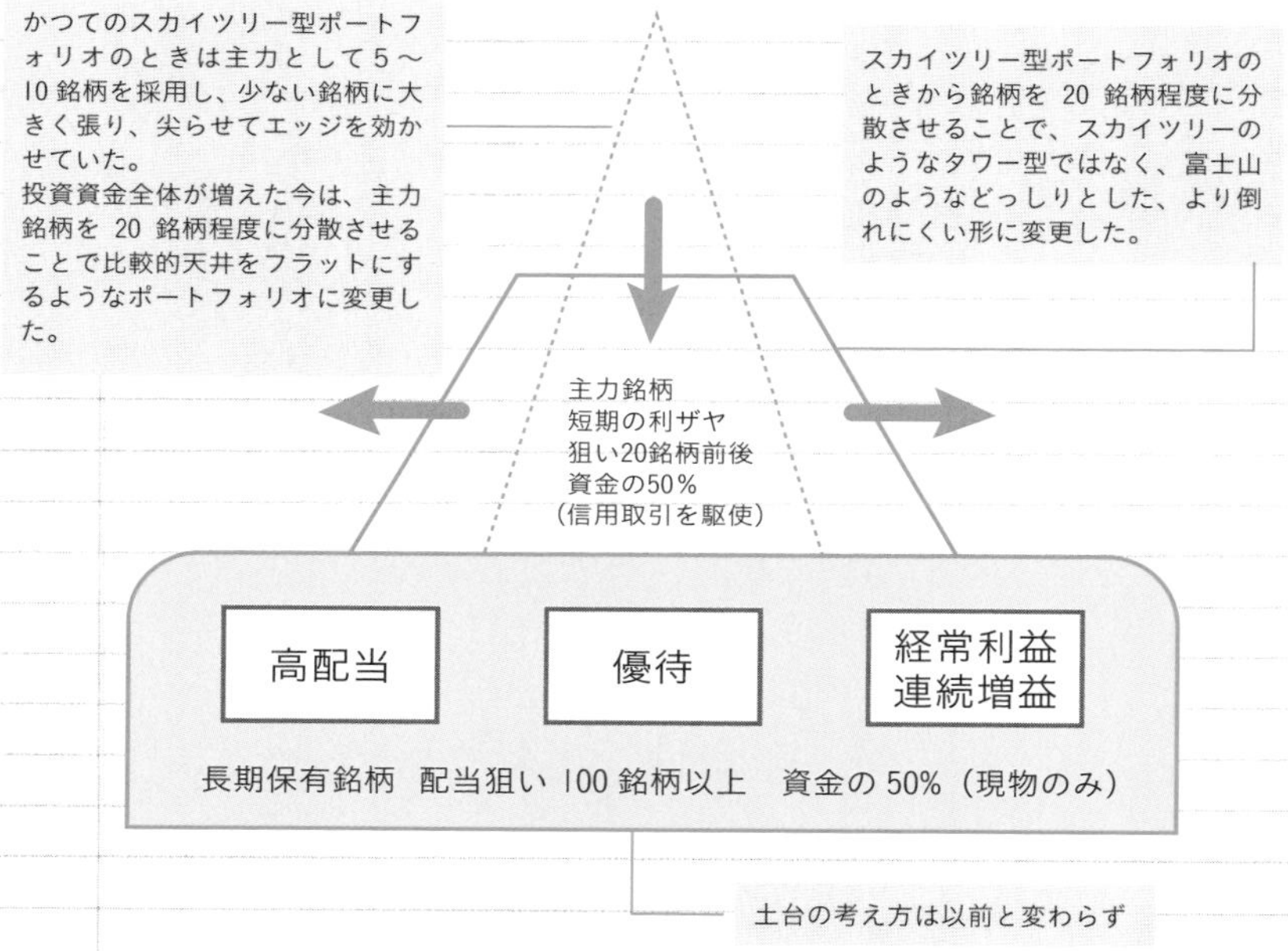
かつてのスカイツリー型ポートフォリオのときは主力として5～10銘柄を採用し、少ない銘柄に大きく張り、尖らせてエッジを効かせていた。
投資資金全体が増えた今は、主力銘柄を 20 銘柄程度に分散させることで比較的天井をフラットにするようなポートフォリオに変更した。
スカイツリー型ポートフォリオのときから銘柄を 20 銘柄程度に分散させることで、スカイツリーのようなタワー型ではなく、富士山のようなどっしりとした、より倒れにくい形に変更した。
主力銘柄
短期の利ザヤ
狙い20銘柄前後
資金の50%
（信用取引を駆使）
高配当
優待
経常利益
連続増益
長期保有銘柄　配当狙い 100 銘柄以上　資金の 50%（現物のみ）
土台の考え方は以前と変わらず

»www9945's comment

資金の増加につれて、タワー部分の銘柄を増やさざるを得なくなったため、すそ野は変わらないが、その上がスカイツリー型から富士山型に変化しました。

「これから億をめざして運用していこう」という人は「スカイツリー型」でいいと思います。

その結果、裾野は変わらず「広く・浅く」だが、乗っかる部分の幅が広がり、広い山頂を持った「富士山型」のポートフォリオとなった。

もっとも、これはもっぱら資金が殖えたことが変化の原因なので「これから億をめざして運用していこう」という人は、以前のような「スカイツリー型」でいいと思う。

配当や優待に着目した土台部分についても簡単に触れておきたい。

高配当銘柄への投資法

最近は配当への注目度が高まっている。ＹｏｕＴｕｂｅやＳＮＳでも高配当銘柄を取り上げた動画はよく見られている。

とくにメガバンクや大手商社が人気のようだが、あまりの人気ゆえか、最近は配当利回りの低下が目立つ。高配当銘柄の定義は「配当利回り３％以上」だと理解しているが、三菱ＵＦＪフィナンシャル・グループは３％を割ってしまった。もはや高配当銘柄とは言い難い状況だ。

株高局面では３％以上の銘柄が少なくなってしまうのは確かだが、小型株を丹念に見ていけば配当利回り３・５％以上の銘柄がある。

「高配当銘柄だから長期保有する」と考える人は多いようだが、何も考えずに長期保有するのではなく「フェアバリューになったら売って、より高配当な銘柄へ乗り換える」という視点も必要だ。これはバリュー銘柄でも同様だ。

現在、私の配当は年1200万円程度になる。配当受取額のピークは2022年頃で、当時は1800万円に達した。

長らく配当を追い掛けてきただけに、1800万円までいくと達成感も強く、配当への執着を弱めてもよいかと感じて、高配当なインフラファンドや依存性の強い銘柄への投資を減らし、キャピタルゲインが狙える銘柄へ資金を振り替えていった。その結果、現在は1200万円まで減っている。

総資産7億円――。キリのいい数字でもないし、とくに感慨はない。5億円あればこの先の人生を考えても充分だろうと思う。「今の資産は?」と聞かれることも多いので把握はしているが、10億円を超えたらもう公表するのはやめようかなという思いもある。

株が好きで日々積み上げてきたら7億円だった。それだけのことだ。

あとがき

14年9月に会社を辞めてから、早いもので専業投資家生活10年目に突入しました。

辞めた時の総資金2億3千万円が現在約7億円になって運用に余裕ができるはずが、信用取引の損切り資金と利が乗った株の現引き資金を確保することに汲々としていていつも現金がありません。

今も受取り配当金は生活費を残して全額株に突っ込んでおり、更に3億円ほど信用買いをしている状態というのは、正直どうかしているかもしれません。

しかしインフレ、米中新冷戦では日本が漁夫の利を得そうだし、何より新NISAで新しい資金の流入期待から、日本株は上がるのではと楽観的に見ています。

個別株投資はたいてい、10年に1回の暴落、2～3年に1回の◯◯ショック、1年に1回の調整、3か月に1回の企業決算が来ます。個人投資家はこれらを潜り抜け、モチベーションを維持して投資を続けると、マーケットの片隅にいるだけで資金は増えます。

しかし、一般人は少しの調整でもう懲りて退場してしまうのです。大変残念です。

本書は、やられてもやられても「株が好き」だけでマーケットにしぶとく居続けた記録となります。

少しでもお役に立てれば幸いです。

現在、自分にとってはどうも保有握力がないＢtoＢ（企業間取引）銘柄を買わず、ＢtoＣ（消費者向けビジネス）銘柄を買っています。尊敬する著名投資家、ピータ・リンチを模倣して、生活に密着した池袋関連銘柄を探す特異な投資家になっています。

「こんなことやっているのは自分だけだろうな。バリュー、グロース、高配当どこにも属さない。池袋に賭けるのは間違っているかもしれない。でも、もう50代後半だし、好きなようにやっていいだろう」と開き直っています。

川上産業であるＩＰ（知的財産）が活用できる会社、世界に誇る健康的な和食。そしてインフレからの現金価値の目減りと重税から貧富の差の拡大。この3テーマを中心に主力銘柄を選んでいます。

特に年金生活の高齢者にはもっと厳しい時代が来るだろうなと予感しています。

生活面では3年前ＵＲから民間の賃貸住宅に引っ越しました。友達とか女の子も呼べないし、流石に上の階の住民が帰ってくる時間が足音で分かるほど天井が薄いのが気になって仕方がなかったからです。

人間贅沢なもので、苦しかった会社員時代のことをこれだけ時間が経つと忘れつつあります。好きな投資をして、資金が殖えて、時間的余裕もできた現在の生活を当たり前に思ってしまうのです。

日々を薄く過ごすことが多くなってきました。

ここ数年は反省して腰痛悪化と肥満防止のためスポーツセンターで汗を流し、単調な生活を補うため年9回は旅行しています。岩、崖、展望台、鍾乳洞など景勝地を好み、特に離島のトレッキングが好きになりました。

配当金はどこにいても受け取れるポータビリティ性がいいですね。

最後に執筆のチャンスを与えてくれた編集の宮下雅子氏、いつもマネー関連の取材でお世話になっているライターの高城泰氏、鷲田真一氏、そしてこの本を読んでくださったみなさまに深く御礼を申し上げます。

2024年5月

www9945

www9945
個人投資家。東京都在住。チャートや企業分析など、あらゆる角度から銘柄選定を行い、信用取引を駆使して投資を行う。1996年より本格的に投資を始め、2004年4月から楽天ブログにて「kitakujinのwww9945の公開プロフィール」http://plaza.rakuten.co.jp/www9945/を開始。ハンドルネームの9945は、お弁当の「ほっともっと」を展開する株式会社プレナスの株式コードに由来する（※上場廃止）。2024年5月現在の総資産額は約7億円。日本株の保有銘柄数は108（2024年5月現在）。やっぱり彼女募集中。共著に単行本『爆笑コミックエッセイ　株主優待だけで優雅な生活』（宝島社）がある。

※本書は2013年7月に小社刊行した単行本『年収300万円、掃除夫の僕が１億円貯めた方法』を大幅に加筆・修正したものです。

年収300万円、掃除夫だった僕が7億円貯めた方法

2024年6月28日　第1刷発行

著者　www9945
発行人　関川 誠
発行所　株式会社 宝島社
〒102-8388　東京都千代田区一番町25番地
電話[営業]03-3234-4621　[編集]03-3239-0646
https://tkj.jp

印刷・製本　サンケイ総合印刷株式会社

Printed in Japan
ISBN978-4-299-05628-3
First published 2013 by Takarajimasha, Inc.